福岡県警工藤會対策課

現場指揮官が語る工藤會との死闘

北九州地区暴力団犯罪捜査課初代課長
藪正孝

彩図社

工藤會関連の事件

銃撃により割られたガラス

監視カメラに映る襲撃事件の犯人。フルフェイスヘルメット着用が定番スタイルだった

元漁協組合長射殺現場

組が管理する倉庫から大量に押収された武器

工藤會の主要人物

５代目襲名式には
野村総裁の「公用車」が使用された

五代目工藤會・野村悟総裁

田上不美夫会長

四代目総裁・溝下秀男

工藤會との闘いの変遷

暴追パレードの様子

“工藤會頂上作戦”にて
野村邸へ入っていく捜査員たち

暴力団の入店を禁じる札

工藤會の本部事務所である「工藤會会館」
取り壊しの様子

はじめに

令和三年八月二十四日火曜日。福岡県暴力追放運動推進センターの専務理事を務めていた私は、珍しく報道対応に追われていた。それは午前十時から福岡地裁において、五代目工藤會・野村悟(のむらさとる)総裁と田上不美夫(たのうえふみお)会長の判決言い渡しが行われていたためだ。

福岡地方検察庁は、野村総裁に対し死刑を、田上会長に対しては無期懲役と罰金二千万円を求刑していた。野村総裁らは、四件の事件で起訴されていた。三つの組織的犯罪処罰法違反、そして一つの殺人事件だ。うち拳銃が使用された二件は銃刀法違反も加わっている。

この一連の事件捜査をメディアは「工藤會頂上作戦」と呼んだ。

私は、この四件の事件のうち、三件の捜査に関わってきた。また、工藤會が関与したと認められる市民や事業者に対する襲撃事件約六十件の捜査に関わってきた。だが、在任中に検挙できたのは約三割四分、プロ野球の打者ならともかく、自慢できる数ではない。

野村総裁、田上会長がこの頂上作戦で逮捕されたのは、平成二十六年九月、元漁協組合長射殺事件が始まりだった。私は、すでに前年の平成二十五年三月に、工藤會対策の現地責任者だった暴力団対策部副部長から久留米警察署長に転勤していた。特に、平成二十三年から平成二十五年にかけては、まさにやられっぱなしと言ってもいい状態だった。工藤會頂上作戦の功労者は、野村総裁らの検挙時の捜査幹部、捜査員であって、私ではない。

　通常、刑事事件の裁判では、まず刑の宣告である主文が言い渡される。だが、今回の判決では主文は後回しにされ、判決理由の朗読が始まった。このような場合、極刑である死刑判決が下されるのが通常だ。正直、私は野村総裁らの有罪は確信していたが、求刑どおりの死刑ではなく、無期懲役か懲役刑の最高である懲役三十年ではないかと考えていた。

　午後四時、主文が言い渡された。野村総裁は求刑どおり死刑、田上会長は罰金刑は外れたが求刑どおりの無期懲役だった。報道によると公判の最後に野村総裁は、裁判長に対し「全然公正じゃない」「生涯後悔するぞ」と発言したという。野村総裁も死刑判決はショックだったのだろう。

　暴力団対策法により各都府県公安委員会が指定した指定暴力団は現在二十四団体だ。そして、現在まで唯一の特定危険指定暴力団に指定されているのが工藤會だ。これまで、指定暴力団のトップに死刑が言い渡されたことはない。六代目山口組や広島の共政会（きょうせいかい）、福岡県の道仁会（どうじんかい）など、そのトップが検挙され一定期間服役した例はある。しかし工藤會のように総裁、会長に加え、ナンバー3の理事長ら主要幹部が七年間も拘留中という例はない。間違いなく工藤會は弱体化している。

だが、私は野村総裁に対する死刑判決を聞いても喜びは感じなかった。暴力団に対するかつてない大戦果であるにもかかわらずだ。

今回の裁判では、一連の事件に関し、野村総裁らの明確な指揮命令は立証されていない。あくまでも、福岡地裁が様々な証拠に基づき「推認」した結果だ。それは、福岡県警や福岡地検がいい加減な捜査をしたということではもちろんない。当時の捜査幹部、捜査員らの地道な捜査、そして多くの関係者の供述、証拠の積み重ねが、今回の有罪判決に結びついたのは間違いない。

そして、暴力団は馬鹿ではない。今回の判決を受け、山口組をはじめ全国暴力団は、組織的事件についてより慎重になるだろう。

恐らく、読者の皆さん、そして一連の報道に接した市民の多くは、工藤會は特別だとお思いだろう。だが、それは違う。確かに工藤會がここまで暴走した原因はいくつかある。しかし、工藤會が市民に対し凶悪事件を繰り返した最大の理由は、そこまで工藤會は追い詰められたからだ。福岡県警の取締りのみならず、福岡県、北九州市などの行政、何よりも市民の皆さんが勇気を持って工藤會にノーを突きつけたからだ。そのような指定暴力団はかつてなかった。

野村総裁らは恐らく最高裁まで争うことだろう。私は、それでも野村総裁らの有罪が揺るぐことはないだろうと思っている。一方で、工藤會組員の相当数は工藤會にしがみつき違法・不当な活動を続けるだろう。そして、全国暴力団はより巧妙に活動を続けていくことだろう。

残念ながら暴力団壊滅、道半ばだ。そしてゴールはまだ見えない。そう考える理由が二つある。一つは、暴力団に対する市民の意識だ。

今、暴力団を「任俠団体」と考える人はほとんどいないだろう。だが、暴力団問題の専門家と呼ばれる人たちの中には、暴力団が一定の役割を果たしてきた、暴力団は社会を落ちこぼれた者の受け皿になっている、と主張する者は多い。最近の特徴として、暴力団対策法や暴力団排除条例により、暴力団員やその家族が不当に虐げられているかのような主張も見受けられる。

そのような人に伺いたい。暴力団員が現在何をやっているのか、彼らが何をやってきたのか、なぜ暴力団対策法や暴力団排除条例が制定されたのか、それをご存じだろうか。総合的な暴力団排除条例を制定したのは福岡県が初めてだ。その大きな理由が工藤會による卑劣な暴力であったことを、多くの人は知らないだろう。

工藤會対策を担当当時は工藤會からやられっぱなしの私だが、暴力団対策に関わってきた元警察官として、工藤會による一連の事件の背景、そして暴力団の真実、これからの暴力団対策について、一人でも多くの方に知っていただきたい。

福岡県警工藤會対策課
現場指揮官が語る工藤會との死闘

目次

第三章　激化する工藤會との闘い

第四章　工藤會の反撃

第五章　福岡県警対工藤會

第六章　市民や行政を巻き込んだ闘いへ

第七章　工藤會頂上作戦

第八章　これからの組織犯罪戦略を考える

第一章　私が見た工藤會と幹部の実像

野村総裁・田上会長判決

今回、野村総裁、田上会長は、四つの事件で有罪を宣告された。「元漁協組合長射殺事件」、「元警部銃撃事件」、「女性看護師刺傷事件」そして「歯科医師刺傷事件」の四つだ。いずれの事件も工藤會、特にその中核組織である田中組組員らによる組織的殺傷事件だ。元漁協組合長射殺事件のみ「組織的殺人」ではなく「殺人」となっているが、これは組織的殺人事件の処罰を定めた組織的犯罪処罰法が制定されたのが、元漁協組合長殺人事件の翌年だからだろう。この四つの事件に対する今回の福岡地裁の判決概要は次のとおりだ。

1　元漁協組合長射殺事件

野村総裁、田上会長は、実行役の組員らと共謀し、平成十年（１９９８年）二月十八日午後七時頃、北九州市小倉北区の路上で、元漁協組合長の梶原國弘氏（当時70歳）に至近距離から拳銃五発を発射し殺害した。

被害者で北九州市脇之浦漁協の元組合長だった梶原氏は北九州地区の港湾建設工事など

における下請け業者の選定などに強い影響力を持つと見られていた。工藤會側が梶原氏らに再三にわたり接触したり圧力をかけたりし、執拗に利権交際を求めたが拒絶される中で発生した。野村被告は、梶原氏がいる限り、利権に食い込むことは困難であると認識していた。

仮に被害者一族が交際の要求に応じていれば、利権の相当部分を野村被告が取得することが見込まれ、野村被告に犯行を行う動機があった。

実行犯らに犯行を指示できる組織の上位者として、野村被告の意向を受けた会長である田上被告がまず想定される。両被告の関与がなかったとは到底考えられず、両名が本件犯行を共謀した事実が優に認められる。

事件当時、現場は騒然となった

2　元福岡県警警部銃撃事件

本件は平成二十四年（２０１２年）四月十九日午

前七時ころ、北九州市小倉南区の路上において、長年、工藤會の捜査に従事し、定年退職後、再就職先に通勤途中の元福岡県警警部H氏（当時61歳）に対し工藤會田中組幹部が拳銃を発射し重傷を負わせたものである。

元警部は長年、工藤會捜査に従事し野村総裁ら最高幹部と直接話のできる数少ない捜査員だった。銃撃すれば、最高幹部を含む工藤會の関与が疑われ、警察の取締りがより一層強化されるなど、工藤會にとって重大なリスクが想定できる。このような事件を両被告に無断で起こすとは到底考え難い。

野村被告は元警部が自らを批判する発言をしていることを聞いたこと、田上被告は元警部の指揮で自宅の捜索を受けたことに立腹するなど、両被告と元警部との間には犯行の動機となり得る事情も複数認められる。ただ、両被告が被害者との関係を絶った後も、野村被告は元警部のことを愛称で呼び続けていたことなど、犯行の直接の動機は不明というほかない。

本件犯行実行の決定は工藤會にとって極めて重要な意思決定と言うべきで、両被告が意思疎通をしながら、最終的に野村被告の意思によって決定されたと推認される。

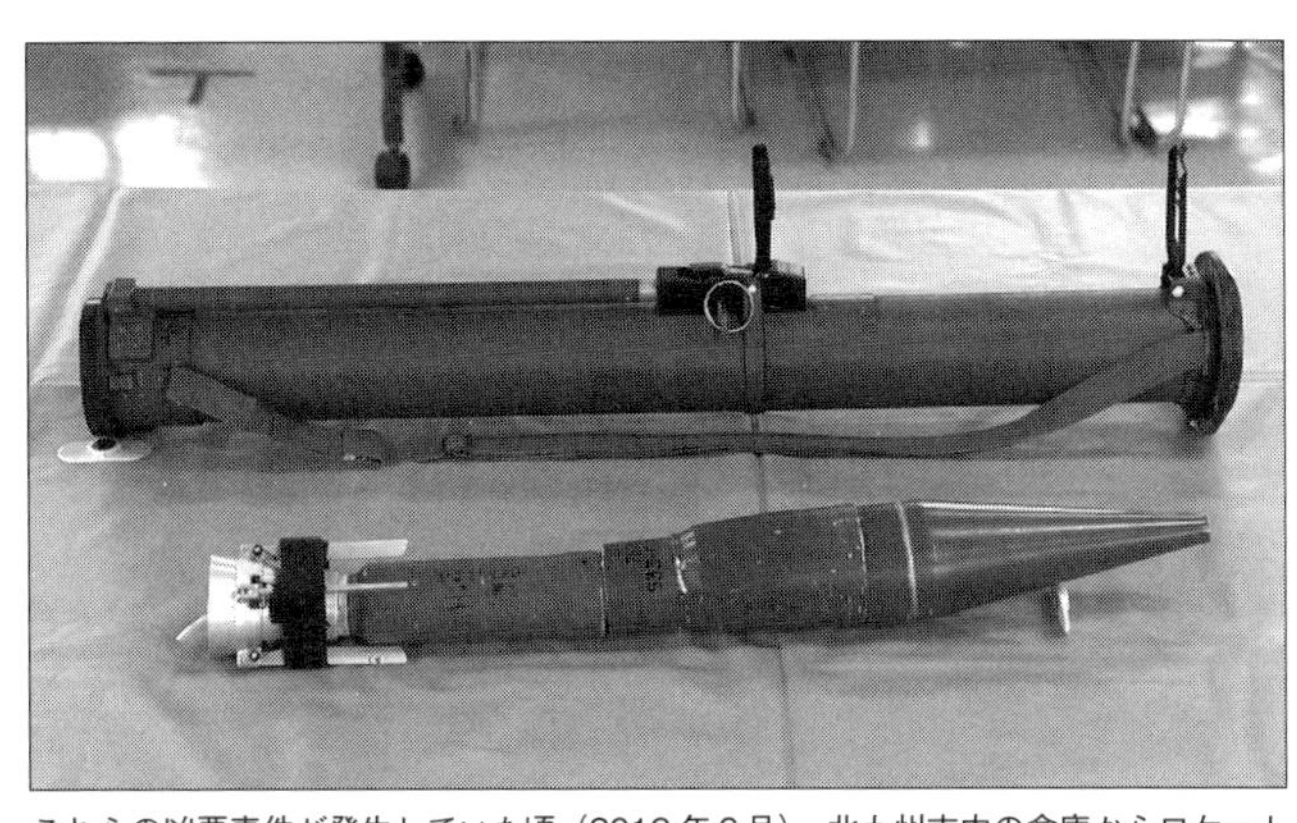
これらの凶悪事件が発生していた頃（2012 年 6 月）、北九州市内の倉庫からロケットランチャーが押収された

3　女性看護師刺傷事件

本件は平成二十五年（２０１３年）一月二十八日午後七時ころ、福岡市博多区の路上で田中組員らが、美容整形クリニックの女性看護師（当時45歳）の頭部や頸部に刃物で切り付け重傷を負わせたものだ。

野村被告はクリニックで陰部の増大手術、脱毛治療を受けたが、施術結果が思わしくなく、担当看護師である被害者の対応に不満を感じており、襲撃に及ぶ動機があった。一方、犯行に関与した組員らは、被害者と一切接点がなく、野村被告以外に工藤會で犯行動機を持つ者はいなかった。

事件報道では被害者は匿名だったが、事件の二日後、野村被告は被害者が被害にあったことを知っており、「あの人は刺されても仕方ない」と犯行を肯定的に捉える発言もしている。

田中組の組織的犯行であることが発覚すれば、野村被告に強い嫌疑が及ぶこの犯行について、組員らが田上被告に相談なく実行に及ぶとは考え難い。したがって、両被告が意思疎通をした上で野村被告が最終的な意思決定をしたものと推認できる。

4　歯科医師刺傷事件

本件は平成二十六年（２０１４年）五月二十六日午前八時半ころ、北九州市小倉北区の駐車場で車を駐車し降車した男性歯科医師（当時29歳）に、田中組員が刃物で被害者の胸や腹などを突き刺し重傷を負わせたものである。

被害者は1の元漁協組合長の孫にあたる。1の事件後も田上被告は北九州地区の港湾建設工事などに強い影響力を有するとみられていた被害者一族、特に梶原氏の息子で、歯科医師の父親に工藤會との利権交際に応じるよう執拗に要求していた。だが、父親はこれを拒否した。田上被告は事件後、自らと親交のあった父親のいとこに「工藤會の要求に応じないから、歯科医師を見せしめに襲撃した」と事件の理由を説明していた。

事件に関与した組員らはいずれも被害者や父親と面識などもなく、田上被告が指示し、組員らに実行させたと推認できる。

多数の組員を組織的に動かすため、

歯科医師刺傷事件の現場

また野村被告の関心事である利権介入に大きく関連し、田上被告が野村被告の関与なしに指示するとは到底考え難い。野村被告に犯行への十分な動機があったことなどを踏まえると、本件犯行は両被告が意思を相通じて、最終的には野村被告が意思決定をしたものと推認できる。

そして、福岡地裁は、量刑理由について、元漁協組合長事件に対しては、暴力団との関わりを断とうとした被害者には落ち度がないこと。組織的・計画的で大胆な犯行であり、強固な殺意に基づく執拗かつ極めて残虐な犯行で、地域住民や社会に与えた影響は計り知れないとした。

また、被害者一人の殺人事件の量刑では、保険金や身代金目的の殺人事件で死刑が選択される傾向があるが、巨額の利権を継続的に獲得するため市民を殺害したこの事件は利欲性が一層高く、反社会集団である暴力団が計画的に実行している点で、はるかに厳しい非難が妥当で、特段の事情がない限り極刑を選択すべきだとした。

他の三事件についても、何の落ち度もない市民を襲撃した経緯にくむべき余地は皆無で、いずれも非常に危険で人命軽視の姿勢は著しいとした。

その結果、野村被告は元組合長事件だけでも極刑を選択すべきで、反省の情は見て取ることができず、その他の三事件を併せ考えると、組織的犯罪として重大性・悪質性は一層顕著で、極刑を選択すべき必然性は高まる。

田上被告については、刑責は野村被告に次いで重く、元漁協組合長事件で無期懲役となった実行犯を下回るべきではないとした。

そして下されたのが、次の判決主文だ。「野村被告を死刑、田上被告を無期懲役とする」。

元福岡県警警部銃撃事件

1から4の事件の中で、4の歯科医師刺傷事件は、私が久留米警察署に転勤後の事件であり、その捜査状況等は把握していない。だが2の元福岡県警警部に対する銃撃事件、3

の女性看護師刺傷事件は、まさに私が工藤會対策の現地責任者当時に発生した事件だ。

そして、２の被害者Ｈ元警部は私の元部下であるとともに、工藤會対策の大先輩に当たる方だ。判決や報道等にもあるように、私が捜査第四課管理官となる直前の平成十五年二月、工藤會はそれまで工藤會側と警察との窓口を一方的に閉鎖した。工藤會側は最高顧問のＨ組長、警察側の窓口がＨ元警部（当時は警部補）だった。Ｈ組長は元警部を「兄弟」と呼ぶほど信頼していた。また、野村総裁からも「〇〇さん」と愛称で呼ばれ、当時、唯一、野村総裁と直接話ができる関係を構築していた。

Ｈ元警部は、私が工藤會担当当時、特命班長として情報収集に活躍していただいた。「警察との接触禁止」を掲げた工藤會だが、実際には多くの幹部らに特定の捜査員が直接会って情報収集を行っていた。

その中で、Ｈ元警部は、工藤會を破門、北九州所払いとなったＥという幹部と、県外で直接接触し情報収集を行った。その際、一対一の会話だから、野村総裁を呼び捨てにしたり、野村総裁が組員らの犠牲の下で多額の資金を得ていることなども話している。ところが、この破門となり北九州地区を追放された幹部は、そのやりとりをＩＣレコーダーに録音し、野村総裁、田上会長にご注進に及んだのだ。

親しくしていた相手が第三者に自分の批判を口にしたことを知れば、誰だって不愉快になるものだ。まして、北九州地区に絶対の勢力を誇る工藤會総裁だ。

また、田上会長はH元警部が指揮した自宅の捜索に不満を感じていたとのことだが、このことについては記憶がない。だがH元警部は暴力団幹部宅の捜索であっても、そのような捜索をするような人ではない。

平成十五年二月以降も、捜索現場などで顔を合わせれば、H元警部と野村総裁、田上会長は挨拶程度の言葉は交わしていた。ただ、このEのご注進後、野村総裁、田上会長いずれもH元警部と顔を合わした際、E幹部の話を持ち出し不満を口にしたり、あるいは知らん顔をすることもあった。念のため、定年退職後、H元警部は保護対象者として重点的にパトロールを行うなどしていたが、事件を防ぐことはできなかったのだ。

工藤會とは何か

現在、暴力団対策法に基づき指定暴力団として指定された団体は、六代目山口組、住吉会、稲川会をはじめ、全国で二十四団体だ。福岡県には全国最多五つの指定暴力団が存

写真左から、工藤玄治会長、草野高明組長

在する。そして、全国で唯一「特定危険指定暴力団」に指定されたのが工藤會だ。

ここで工藤會とはどのような暴力団か、私と工藤會との関わりについて触れてみたい。

工藤會は、初代の工藤玄治会長が昭和二十一年ころに結成した工藤組が元になっている。工藤会長の一の子分が工藤組草野組・草野高明組長だった。

工藤玄治会長は、戦前から博徒系暴力団・檜垣組組員として活動していた。そして昭和二十一年ころ、檜垣組長から小倉市（当時）の縄張りを継承し、工藤組を結成した。

昭和三十年代、神戸の三代目山口組など主要暴力団が全国制覇を進め、各地で抗争事件が多発していた。北九州市内にも複数の山口組傘下組織が進出し、工藤組をはじめとする地元暴力団と抗争を繰り広げた。

その一つが梶原事件被害者・梶原國弘氏の梶原組だった。梶原組は北九州市に隣接する芦屋町の地元暴力団と抗争事件を起こし、梶原氏は福岡県警に逮捕され服役した。梶原氏はこれを機に梶原組を解散し、その後、地元の漁協組合長となった。

一方では、昭和三十八年九月、山口組菅谷組傘下の芦原組が、北九州市小倉区（当時）に進出し、工藤組最高幹部・前田国政の事務所前に「芦原興行社」を開設した。当時は、興行名目で各地に進出するのが山口組の常套手段だった。また、山口組のみならず工藤組やその他の暴力団も、地元で開催される有名歌手の歌謡ショーやプロレス興行を取り仕切っていた。

先制攻撃を加えてきたのは山口組だった。同年十一月二十八日、小倉区の繁華街鍛治町のキャバレー前で、芦原組員ら四名が工藤組最高幹部・前田国政を射殺した。工藤組は報復に動き出したが、ここで大きなミスをした。

前田幹部を射殺したのは山口組菅谷組傘下の芦原組員らだった。だが、同年十二月、工藤組は山口組傘下だが別組織である安藤組組員を拉致、三日間にわたり暴行を加え前田殺しの犯人を追及した。そして十二月九日、前田殺しの実行犯と勘違いした安藤組員二名を拉致し、拷問を加えた。前田殺しと無関係な二人は当然、犯行を否認し続けた。二人を持てあました工藤組幹部らは工藤組大幹部（草野組組長）・草野高明の指示を仰いだ。草野の指示により、安藤組員二名は、北九州市小倉北区を南北に流れる紫川（むらさきがわ）の河原で頭を石塊（いしくれ）で滅多打ちにされ、川に投げ込まれた殺害された（紫川事件）。

間もなく、山口組と工藤組は和解に動き、同年十二月二十四日、両団体の手打ち式が行われ和解が成立した。

翌三十九年一月、各地で続発した暴力団抗争事件を受け、警察庁は全国警察に暴力団に対する徹底的な取締りを指示した。取締り手法の一つとして各暴力団のトップ等の主要幹部への取締り強化があった。このため、この一連の暴力団取締りは「頂上作戦」と呼ばれた。今回の「工藤會頂上作戦」も、この頂上作戦にちなんだものだろう。

福岡県警は頂上作戦開始の翌四十年一月、刑事部に暴力団対策を担当する捜査第四課を新設し、工藤組をはじめとする県内暴力団の取締りを強化した。紫川事件については、すでに実行犯、現場指揮者らが逮捕され有罪も確定していた。だが、工藤組上位幹部の指揮命令は解明されていなかった。工藤組取締り強化にともない紫川事件再捜査が行なわれた。

その結果、紫川事件における工藤組最高幹部・草野高明の関与が明確となり、昭和四十一年六月、草野を紫川事件指揮者として逮捕し、同人は懲役十年に処せられた。

昭和三十九年の頂上作戦以降、住吉会、稲川会（当時・錦政会）などの主要暴力団をはじめ、多くの暴力団が警察の取締りを受け、表向き「解散」を表明していた。実際には、住吉会、稲川会を含め大部分の団体は間もなく活動を再開している。

草野高明も、逮捕、勾留中の昭和四十一年六月下旬、草野組解散を表明した。その理由については、親分である工藤玄治に紫川事件の累を及ぼさないため、などと言われているが詳細は不明だ。しかし、この解散表明は親分である工藤玄治の了解を得た上でのことではなかった。

今回の工藤會総裁らの判決に見られるよう、暴力団社会では親分は絶対である。親分は自らの意思で子分を破門、絶縁等の処分ができる。破門とは復帰もあり得る追放処分で、絶縁は永久追放を意味する。円満に組織を離脱するのが除籍、引退などだ。

一方で、子分が親分との縁を勝手に切ることは「逆縁」と呼ばれ許されない。親分の了解を得ずに草野組の解散を表明した草野を、工藤は破門にした。

昭和五十二年、出所した草野組長は工藤組長と面会し、シノギ（資金獲得活動）は博打一本で、工藤會（昭和四十五年に工藤組から「工藤会」に改称。平成十一年一月以降は「工

写真左から、菊地敬吾理事長、溝下秀男組長

藤會」。以下「工藤會」）のシマ（縄張り）は争わないことを条件に、草野一家結成を認められた。

しかし同じ北九州市小倉北区・小倉南区（小倉区が分割）を縄張りとする両団体は、再び亀裂が入り、激しい抗争事件を繰り返した。

工藤會内の有力傘下組織が田中組だった。野村悟総裁は、この田中組の三代目組長、田上不美夫会長は四代目組長、工藤會ナンバー3の菊地敬吾理事長は、田中組の当代、五代目組長である。そして、草野一家に中途加入し、ナンバー2に上り詰めたのが、北九州市に隣接する中間市を拠点とした溝下組（後の極政会）・溝下秀男（みぞしたひでお）組長だった。溝下組長はその後、工藤會三代目会長となった。

昭和五十四年十二月、草野一家極政会組員が小倉北区のマンションで田中組長を射殺、工藤會と草野一家は「北九州戦争」と呼ばれる激しい抗争事件を繰り広げた。この田中組長射殺が現在の工藤會に至る北九州地区の暴力団情勢に与えた影響は極めて大きい。

昭和五十六年二月には、小倉北区の繁華街で偶然出くわした工藤會、草野一家双方のナンバー2らが拳銃を撃ち合い、工藤會理事長・矢坂顕、草野一家若頭・佐古野繁樹（さこのしげき）両名が死亡する事態に発展した。結果的には、草野一家側が工藤會側を圧倒する形で、両者は和解した。そして、昭和六十二年六月、両団体は合併し工藤連合草野一家（以下「工藤連合」）を結成した。

工藤連合の名目上のトップである総裁に工藤玄治、総長に草野高明、実質的に工藤連合を切り盛りする若頭に草野一家若頭・溝下秀男、ナンバー4に工藤會田中組長（現・総裁）・野村悟が就任した。この時、野村組長が五代目工藤會総裁に上り詰める道筋ができたと言ってよいだろう。

以後、工藤連合は二代目工藤連合草野一家、三代目工藤會、四代目工藤會、そして五代目工藤會へと続いていった。

工藤會・野村悟総裁の経歴

初代田中組本部

　野村悟総裁は、昭和二十一年、北九州市小倉北区（当時は小倉市）の裕福な農家の四男として生まれた。他に二人の姉がおり六人兄弟の末っ子だった。中学生ころからグレ始め、少年院や刑務所に何度も出入している。

　昭和四十五年ころ、工藤會（当時）入りした。所属組織が解散するなどした後、昭和四十八年に工藤會初代田中組傘下の木村組に移り、間もなく木村組ナンバー2の若頭に昇格している。野村総裁については、その人格、人間性など色々言われているが、少なくとも暴力団幹部としては早くから高い能力を誇っていたと思われる。

そして、警察に何度も逮捕され服役もしているが、昭和五十五年ころに出所後は、今回の工藤會頂上作戦で逮捕されるまでの間、何度か逮捕されるものの、いずれも起訴猶予となっている。

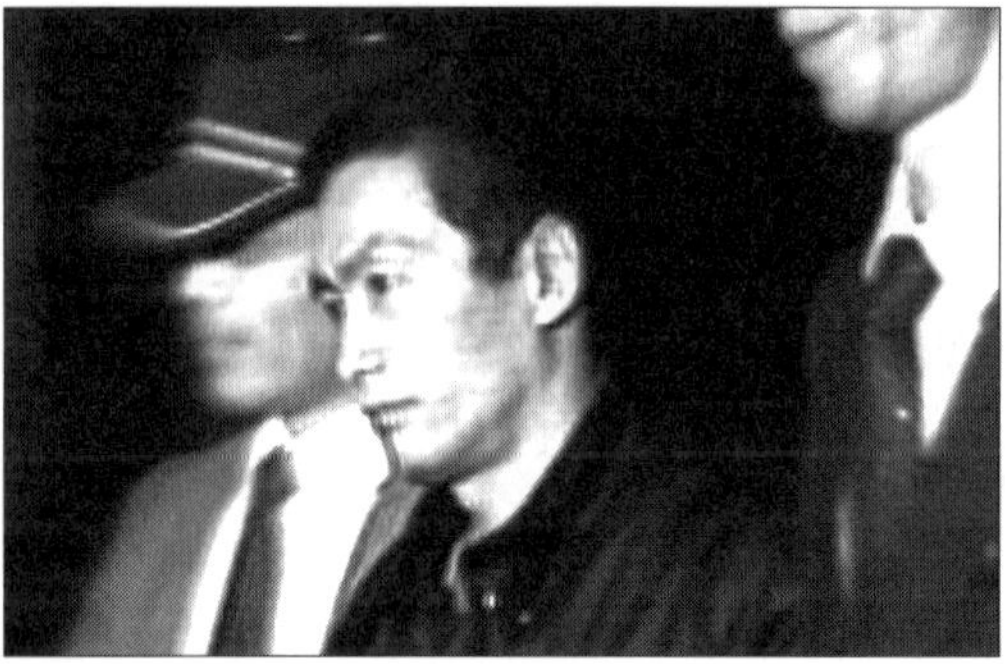

連行される野村総裁（1982 年撮影）

昭和五十四年十二月、草野一家極政会組員が初代田中組長・田中新太郎を射殺した。田中組は工藤會内の最有力組織だった。田中組長の死後、同組幹部の一人が組長代行を務めた後、昭和五十六年一月、野村総裁が所属する木村組の木村清純組長が二代目田中組を継承した。これにより野村総裁は、二代目田中組若頭となり木村組を継承、木村組を野村組と改称して組長となった。

昭和五十六年二月四日、小倉北区の繁華街・堺町の路上で、抗争中の工藤會理事長・矢坂顕と草野一家若頭・佐古野繁樹のグループ同士が偶然出くわし、口論から乱闘となり、双方拳銃を乱射した結果、矢坂、佐古野両名が死亡した（堺町事件）。

この堺町事件がその後、野村総裁そして当時草野一家極政会の溝下秀男会長両名の暴力団社会での運命を決定づけたと言えるだろう。

工藤會、草野一家とも組織のナンバー2を失うこととなったが、間もなく、東京の稲川会・稲川角二会長が仲裁に乗り出し、同年二月二十五日、両団体の和解が成立した。

そして三月上旬、ナンバー2の理事長を失った工藤會は、組織の若返りを図り、理事長に矢坂組相談役だった村上孝組長が就任、理事長を補佐する理事長補佐の末席に田中組若頭（野村組長）の野村総裁が就任した。

この頃、草野一家極政会・溝下秀男会長は暴力行為で服役していたが、同年八月、空席だった草野一家若頭に就任した。溝下会長は、野村総裁と同じ昭和二十一年生まれだった。

昭和六十年に入ると二代目田中組内で木村組長と野村若頭との間で対立が生まれたという。詳細は不明だが、同年八月、木村組長は引退に追い込まれ、田中組三代目組長の座を野村若頭と田中組直方支部長を務めていた桃田組・桃田静夫組長とが争うこととなった。

結局、この争いは野村若頭が勝利し、同年十二月、桃田組長は工藤會を絶縁となった。間もなく直方市内の桃田組長自宅付近で桃田組長の車に拳銃が撃ち込まれた。工藤會からの最後通牒だ。桃田組長は間もなく警察に逮捕され短期間服役後、東京方面に潜伏していたようだ。

稲川会会長の仲介で一旦は和解した工藤會と草野一家だが、その後も互いに相手方事務所などに拳銃を撃ち込む抗争事件が散発していた。

昭和六十一年二月、小倉北区堺町のクラブ内で、工藤會幹部が草野一家組員らに拳銃を使用した殺人未遂事件を起こし逮捕された。事件後、工藤會は緊急幹部会を開催し、村上孝理事長が会長代行、野村悟組長が理事長代行となった。間もなく、村上会長代行らが草野一家本部を訪れ、クラブにおける殺人未遂事件を謝罪し、両団体は再び和解することとなった。この後、両団体は完全和解、合併に向け動き出す。

この合併に反対したのが、草野一家内で溝下若頭よりも古参ながら、溝下若頭に次ぐ本部長の地位にあった上原且久だった。同年十一月、上原本部長は溝下若頭配下の極政会幹部・今田雄二らに射殺された。溝下若頭は一旦は若頭を解任されたが翌年一月、若頭に復帰した。この上原殺害については、草野一家・草野高明総長も了解していたとの説もある。

この頃、福岡県の筑後地区をほぼ勢力下に置いた久留米市に本拠を置く道仁会が、福岡地区への進出を強化していた。福岡地区は伝統的に山口組伊豆組など山口組勢力が強く、同年十二月、道仁会と伊豆組は激しい抗争に突入した。道仁会は大分県に本拠を置く山口組稲葉一家の熊本県内の傘下組織とも抗争事件を起こしていた。

熊本県熊本市では十二月二十七日、稲葉一家傘下組織の警戒に従事していた熊本県警の暴力犯係長が、道仁会組員から拳銃で撃たれ重傷を負った。また、翌年一月六日には福岡市内の道仁会組員の自宅マンションのドア越しに伊豆組組員が拳銃二発を発射し、道仁会組員の中学生の長男（当時14歳）が重傷を負った。

野村悟総裁（2010年撮影）

また、一月十八日には、久留米市内の多数の買い物客がいるスーパー店内で、買い出しに来た道仁会幹部ら二名を伊豆組幹部ら二名が射殺する事件も発生した。一月二十二日には久留米市の道仁会本部に手榴弾（しゅりゅうだん）が投擲され、警戒中の警察車両や付近の民家に損傷を与えた。福岡県警は道仁会本部のある久留米警察署と伊豆組本部がある福岡市の中央警察署にそれぞれ集中取締本部を設置し、取締りを強化した。

この山口組伊豆組と道仁会の抗争は「山道抗争（やまみちこうそう）」と呼ばれたが、その取締りの最前線で現場指揮を執ったのが捜査第四課・古賀利治理事官だった。古賀理事官はその後、捜査第四課長として私の直属の上司となった。

この時、福岡県警は暴力団取締りに対し、「福岡方式」と呼ばれる手法を徹底した。それは、「あらゆる法令の活用」と「徹底した捜索差押」の二つだ。古賀理事官は刑法犯以外の特別法犯を活用し、微罪であっても組員らを次々と検挙させた。また、捜索差押では、抗争資材として暴力団事務所に備蓄されていたインスタントラーメンや米袋、さらには暴力団の威力を示すものとして、組事務所の看板類まで差し押さえていった。

以後、福岡県警と県内暴力団は従来のぬるま湯的な関係から、水と油、対立関係へと進んでいった。そのため、他の府県で時に見かけるように、暴力団員が殺人事件や銃撃事件などの重要事件を起こし、「自首」や「出頭」してくるということは福岡県ではなくなっていった。特に工藤會では平成六年が最後だろう。

一方、北九州では、工藤會と草野一家の大同団結が進み、昭和六十二年六月、両団体は合併し、工藤連合草野一家を結成した。実質工藤連合を運営する若頭に草野一家・溝下秀男若頭が、若頭に次ぐ本部長に工藤會・野村悟理事長代行が就任した。

溝下若頭は、初代田中組員だった野村本部長にとっては「親の敵（かたき）」だ。だが、野村本部長は、後に工藤會三代目を継承した溝下若頭に絶対忠誠を示し続けた。

田上不美夫会長の経歴

田上不美夫会長（2010年撮影）

五代目工藤會・田上不美夫会長は、昭和三十一年五月、戸畑市（現・北九州市戸畑区）で生まれた。両親は田上会長が十歳の時に離婚し、田上会長は児童養護施設で育った。中学生のころからグレ始め、中学卒業後、板金工として働いたが、十六歳で工藤會木下組に加入した。
その後の経緯は不明だが、昭和五十年十一月、工藤會田中組戸畑支部（後の中島組）が結成され、田上会長はこの戸畑支部・中島直人支部長の下で活動するようになった。その後、何度か恐喝等で逮捕されたが、いずれも短期刑で出所している。しかし、昭和五十五年七月、田上会長は抗争中の草野一家大東亜会事務所に拳銃を撃ち込み、翌五十六年十二月に逮捕され服役している。

恐らくこの銃撃事件等が評価されたのだろう、出所後の昭和五十九年四月には二十代後半の若さで二代目田中組中島組泥田会（どんたかい）会長と四次組織の会長となっている。その後、恐喝事件で再び二年間服役した後、中島組本部長を経てナンバー2の若頭に昇格している。

この頃には、中島組の上位組織である三代目田中組長で工藤連合のナンバー4となっていた野村総裁から高く評価されるようになっていたようだ。工藤連合結成後の平成二年十二月、田上会長は野村総裁から大抜擢を受け、田中組若頭に就任した。

田上会長は、このこともあり、野村総裁に絶対忠誠を尽くし、野村総裁も田上会長に絶対の信頼を置くことになる。それが、今回の一連事件に続いていく。

この平成二年十二月、工藤連合・草野高明総長が健康上の理由から引退し、溝下若頭が二代目工藤連合総長を継承、工藤総裁は名誉総裁、草野総長は総裁に就任した。そして、野村総裁は、工藤連合実質ナンバー2の若頭に就任した。また、若頭に次ぐ総本部長には草野一家系の林組・林忠道組長が就任した。

翌三年四月、草野総裁は入院先の病院でがんにより死亡した。この草野総裁の死が、元漁協組合長射殺事件（梶原事件）にも少なからず影響を及ぼした。

野村総裁、田上会長の人柄

私は捜査第四課管理官という立場で直接、工藤會を担当することになり、以後、現地統轄管理官、北九州地区暴力団犯罪捜査課長、現地本部長という形で北九州市の現場で工藤會を担当してきた。ただ、個々の事件捜査を指揮するのは警部である特捜班長であり、暴力団員の取調べ、個々の情報収集を行うのは係長（警部補）以下の捜査員らだ。

このため、私が直接、工藤會幹部や組員、準構成員等から直接、話を聞くということはなかった。だが、それら捜査員の情報報告書には必ず目を通したし、重要と感じた時は直接捜査員から話を聞いていた。

また、特に野村総裁の自宅である本家や、工藤會本部事務所である工藤會会館に対する捜索差押には何度か現場に赴いた。当時、専従の特捜班長や捜査員らを除き、管理官以上

工藤會の本部事務所である「工藤會会館」

の幹部は一、二年で転勤するのが普通だった。

暴排補佐を担当したことから、工藤會はしっかりと北九州に根を下ろしている反面、一、二年で転勤する警察幹部の声は市民に届いていないと感じていた。このため、私は現地責任者として常に先頭に立つことを心掛けた。積極的に報道対応を行うとともに、捜索差押などに際しては、最初に私が踏み込み、最後に現場から出るようにしていた。

当時、野村総裁と直接会って話ができる捜査員はいなかったが、直属の部下捜査員の中には、田上会長以下の主要幹部や幹部、一般組員、さらには他の暴力団の主要幹部と直接会って話ができる者もいた。

それら捜査員を通じ、時に相手側とやり取りすることもあった。暴力団相手だから、時に駆け引きは行った。だが、決して取引はしなかったし、嘘もつかなかった。事件の被疑者が判明しても、工藤會側にその組員を出頭させるよう求めたこともない。警察と暴力団は水と油だ。正々堂々を信条としていた。

とは言え、工藤會三代目会長の溝下秀男総裁とは、相手側が会いたいと言ってきたので直接会って話したこともあり、野村総裁、田上会長とも捜索差押時に、雑談程度は交わしたこともある。

その際の印象を述べてみたい。

私が初めて野村会長（当時）の本家の捜索差押を行ったのは、平成十五年三月だった。前月の二月一日にパチンコ店経営者に対する恐喝事件で服役していた田上会長が出所し、工藤會理事長に就任していた。その直後、工藤會は福岡県警との窓口を一方的に封鎖した。この窓口となっていたのが、今回の野村総裁、田上会長が有罪とされた事件2（21ページ）の被害者である元福岡県警警部・H氏だ。H元警部は当時、小倉北警察署の暴力犯係長だった。

私は、捜査第四課に異動となったばかりだったが、既にある特捜班が平成十二年十月に発生したゴルフ場支配人襲撃事件に関し、指示者である工藤會幹部を割り出し逮捕してくれた。この事件は、溝下総裁や野村会長がゴルフ場使用を拒否されたことが原因だったので、この事件容疑で野村会長、工藤會本部事務所の捜索を行ったのだ。

野村会長本家は、北九州市小倉北区の市立山田緑地公園の入口に位置する二階建て、地下一階の豪邸だ。元々、付近一帯は野村会長の実父の所有地だった。本家出入口の門扉は閉められていたが、敷地内には警察の動きを察知した工藤會幹部や組員らが待ち構えていた。本家統括責任者の工藤會幹部のS組長とはたまたま面識があった。私が八幡警察署の留置場主任当時に、長期間勾留されていたのだ。

「何ごとね藪さん」S組長がまず声をかけてきた。「捜索差押に来たよ。S組長は責任者やろう。偉くなったね」。「藪さんこそ偉くなったね」と答えたS組長に私は裁判官の捜索差押許可状を示した。「令状を見せたけ、取りあえず門を開けてくれんね」私がそう言うとS組長は「わかりました」と言って、組員に命じて電動の門扉を開けさせ、私たちは敷地内に入った。

本家南東側の玄関を入ると、正面は二畳ほどのガラス張り展示室になっており、何かの絵が飾られていたのを覚えている。左が縁側廊下、右が奥の階段まで続く長い廊下となっていた。本家一階は当番室や食堂、応接室になっており、応接室に田上理事長、T幹事長

野村邸（2010年撮影）

が待ち構えていた。

ここで田上理事長らと若干のやりとりがあった。田上理事長は「わしらの家はひっちゃかめっちゃかにしてもらってもいい。だが会長と総裁の所は別だ」と口火を切った。野村会長と溝下総裁方の捜索は特別扱いしろというのだ。そして、二人は「会長は三日前から風邪で寝ている。二階の捜索差押はやめてもらいたい。警察が無理に捜索するというなら、わしらは誰も立会しない」と続けた。

「工藤會が誰も立ち会わないというなら、市の職員など公務員に立ち会ってもらいますよ」と私が言うと、T幹事長が「市職員などで立ち会いできる者などいない」と続けた。

田上理事長は「わしも会長には三日前に会った

きりだ。毎日、ここには来ているが、わしが無理して会長に会うと、他の者も会おうとするので会っていない。ほかの部分は何ぼでもみてもらっていい」

　本家二階は野村会長の居室部分で、寝室、クローゼットなどがあった。だが、捜索するなとの要求には応じられるわけもない。ただ、野村会長が数日前から体調を壊しているかもしれない、という情報は入手していた。

「会長が具合が悪いんなら、その点は配慮します。だが、捜索しないということはできない」私はそう答えた。田上理事長は、野村会長のことに関しては、細心の注意を払っていると感じた。「もし会長が酷くなったらどうするんか！」田上理事長は段々と興奮してきた。「それは仕方ないやないですか」ここで私が口を滑らせた。

「仕方ないとは何か！」田上理事長は顔色を変え怒鳴った。そこでT幹事長が「理事長、ちょっと外しとかんですか」と引き取り、田上理事長は席を外した。

「警察がそげん言うなら、わしらはみんな出て行くですよ。立会人がおらんかったら困るでしょう。ここに立会しきる公務員なんか一人もおらん」T幹事長は続けた。

「会長がご病気というなら、そこは考慮します。どうしても立ち会わないというなら、こちらも考えがある」実際には妙案はなかったが、譲るつもりはなかった。

結局、会長の寝室はS組長が立ち会い、班長以下必要最小限の捜査員で捜索を行うこととした。

間もなく、田上理事長が戻ってきた。さっきとは打って変わって冷静になっていた。そこでしばらく雑談した。

「わしらは会長や総裁のためには命をはっとるですけ。わしの家ならしっちゃかめっちゃかしてもらってええですよ」

私は、最近、工藤會が警察との窓口を閉鎖し、警察との接触禁止を指示したことを聞いてみた。すると理事長は「警察とはものを言わないし、窓口も置かない。私が十日の日に指示した。これが會の方針です」と答えた。

田上理事長にとって、野村会長、溝下総裁は絶対の存在、特に野村会長に絶対の忠誠を誓っていることを強く感じた経験だった。

三月の会長本家捜索時は、以上の経緯で私は野村会長と直接会うことはなかった。会長と直接会ったのは、同年八月に発生したクラブ襲撃事件に伴う捜索時のことだった。

八月二十八日午前、私は再び、他の捜査員らとともに野村会長本家入り口に立っていた。

前回同様、Ｓ組長らが待ち構えていたので、私は倶楽部ぼおるど事件で捜索差押に来たと、令状を示した。Ｓ組長は「わかりました。すぐ開けます」とすぐ門扉を開けさせた。

この日も野村会長は在宅していたが丁度二階で入浴中だった。野村会長は午前中、隣接する山田緑地公園内を時間をかけ散歩するのが日課だった。本家には多数の工藤會幹部らが集まっており、奥の応接室には田上理事長らも待機しているようだった。その時、入浴を終えた野村会長が二階から降りてきた。それに気付いた組長クラスの幹部数人が、板の間の廊下にうろたえるように正座した。私は立ったままだった。捜査員らが粛々と捜索を行う中、私は案内されるまま、奥の応接室に入った。応接室には田上理事長はじめ、Ｓ組長ら数人の最高幹部がいたが、会長の姿を認めるや気をつけし黙礼した。私は野村会長が工藤會内で絶対の存在であることを再確認した。

野村会長は白のジャージか何かラフな格好をしていた。

クラブ襲撃事件での捜索に対しては何一つ批判めいた発言はなかった。実行犯である中島組組員Ｋが逮捕されているので当然と言えば当然だった。Ｋは逮捕時に圧迫死していたが、それに対して、田上理事長らは「Ｋは誰が殺したんですか」と尋ねて来た。私が圧迫死であったことを説明しても納得していなかった。

捜索中、野村会長らとはしばらく雑談した。「治安が悪くなったのは警察がヤクザを締め付けるから」、「悪いことをやっているのは不良外国人ばかりだが、北九州に不良外国人がいないのは工藤會のおかげ」等、野村会長と田上理事長は従来の工藤會独特の独善的発言を繰り返した。

野村会長は「昔はお宅と我々は歯車がかみ合ってうまく行っていた。警察が変なことをすれば、わしが知っていればそんなことはさせないが、若い者には暴発する者もおるかもしれん。そうならんのがお互いのためやないですか」等と威圧的発言もあった。

「警察と接触しないということにしたのは工藤會でしょう。警察が工藤會に何か頼むということはあり得ません。そちらが話を聞いてくれというのであれば、聞く耳は持っている。女の子たちをこのような酷い目に遭わせたことは絶対許せない。Kが一人で何でそんなことをしなければならないんですか。会長が知らないと言っても、工藤會の上層部が指示したと見ている。徹底的に捜査します」と私が言うと、野村会長は「警察は当然そう見るでしょうな。うちは関係ないけど」と話した。

このとき野村会長から「北九州はいいとこでしょう」という言葉が出た。私は「いいところだとおもってますよ。私は生まれも育ちも北九州だし、今も北九州に住んでいます。

ただ、○○○がなければもっといい街なんですけどね」と答えた。

「『やくざ』ですか……」野村会長が苦笑した。

前回の捜索時とは異なり、田上理事長も冷静だった。野村会長も、年下だが警察の現場責任者である私には丁寧な話しぶりだった。

私が言った「○○○」は伏字ではなく、そのまま「まるまるまる」と口にした。意味合いとしては「ヤクザ」ではなく「工藤會」のことを指していたが、さすがに工藤會会長を前に多少の遠慮があったのだ。

その後、直接会って会話を交わした溝下秀男総裁とは異なり、野村会長は工藤會会長という鎧の下を見せることはなかった。田上理事長ら幹部も会長と話をするときは緊張と忠誠心を隠さなかった。

工藤會の組員らにとって野村総裁が雲の上の人だったのに対し、田上会長は下っぱ組員からも結構慕われていた。また、自分の家族を大切にしていた。組長クラスともなると、自らの雑用のみならず、妻や家族の買い物や雑用まで配下組員に命じるものはざらだ。

だが田上会長は、工藤會理事長当時も会長となった後も、自ら運転する車に家族を乗せ買い物などに行っていた。その際、組員のボディガードも付けない。工藤會としての様々な活動に際しては野村総裁も田上会長も護衛をつけていた。護衛といっても拳銃など武器は持ってはいない。もっとも、北九州地区で他団体が公然と活動することなどないので、護衛の必要は元々なかった。

そして田上会長は、クリスマスになると、自らが育った児童養護施設の子供たちに匿名でプレゼントを贈り続けていたようだ。子供たちからは「タイガーマスク」と呼ばれていたという。

第二章　北九州を脅かす工藤會

工藤連合最高幹部との初めての出会い

工藤會による市民や事業者襲撃事件が多発していた時期、福岡県、特に北九州市は「暴力の街」「修羅の国」と呼ばれることがあった。実際、昭和三十年代前半、福岡県の殺人事件発生件数は全国一、しかも殺人事件のほとんどは暴力団員によるものだった。

この頃は、刑法犯の認知件数も東京都、大阪府に次いで全国三位だった。ちなみに令和二年中、刑法犯認知件数が最も多いのはやはり東京都、次が大阪府で変わりないが、福岡県は兵庫県に次ぐ八位、過去全国最多だった殺人事件は東京一〇五件（検挙一〇三件）、大阪一〇四（検挙一〇三件）に対し、福岡は全国九位三五件（検挙三五件）だった。工藤會弱体化だけではなく、福岡県、特に北九州市の治安は着実に快復している。

私はその修羅の国、北九州市戸畑区で生まれ、北九州市で育ち、現在も北九州市に住んでいる。だが、警察官となるまで工藤會や暴力団を特に意識することはなかった。

高校時代に「悪い奴を捕まえたい」という単純な動機から警察官を志望し、一浪後の昭和五十年四月に福岡県警察官を拝命した。警察学校卒業後、筑豊地区の田川警察署を振り出しに、昭和五十二年八月、県警第一機動隊に異動したが、この時初めて工藤會最高幹部と口をきいた。

昭和五十四年、工藤會田中組長が草野一家極政会組員らに射殺され、両団体は激しい抗争を繰り広げていた。この頃は暴力団の抗争事件が発生すると、機動隊が動員され、抗争中の暴力団の事務所の警戒を行うというのが通常だった。

昭和五十五年一月、二十四歳になったばかりで機動隊員の私は、制服、防弾ヘルメット、防弾チョッキ姿で、北九州市小倉北区の工藤會本部事務所の前で警戒勤務についていた。

福岡県警のチラシ

この頃の工藤會本部は小倉北区の繁華街の一角に位置していた。抗争中の工藤會本部事務所には工藤會組員らが二十四時間態勢で当番につき、頻繁に幹部が出入していた。幹部が出入する際には、工藤會組員らが出てきて一般車両を停車させ幹部らの車両を送迎していた。時々、私服刑事が見回りに来ていたが、組員らには何一つ注意しなかった。付近住民も顔なじみの組員には挨拶する一方、警察官には厳しい視線を向けていた。正直、何のために寒い中、二十四時間勤務で警戒をしているのか納得できないでいた。

そのような中、バックしてきた工藤會組員の車が、わざとか偶然か私に軽くぶつかってきた。私は思わず相手組員に対し「なんだ貴様は！　どこ見て運転しよんか！」と怒鳴った。「若造が！　お前、制服脱いでから、かかってこんか」車を運転していた中年組員は若い警官から怒鳴られては引っ込みがつかないのだろう、食ってかかってきた。

「お前こそ、バッジ外してから、かかってこんか」私が言い返し、今にもつかみ合いになりかねないとき、工藤會本部事務所二階の窓から年長の組員が顔を出し声を掛けてきた。「あんたらも大概にしちゃんない。こっちもみんな気が立っとんやけ」。私も何かひと言二言言い返したが、そこに刑事二人が駆けつけ「いらんことするな！」と引き離された。

同年春、巡査部長に昇任した私は、北九州市の八幡警察署勤務となり、交番勤務、留置場勤務を経て昭和五十七年春、念願の盗犯係刑事となった。交番勤務当時に工藤會・矢坂理事長と草野一家・佐古野若頭双方が死亡した新聞報道の写真を見て、機動隊時代に声を掛けてきた工藤會幹部が当時ナンバー2だった矢坂理事長だったことを知った。

また当時は、刑事になる前に、犯罪者の取り扱いに慣れるため、必ず留置場部門を経験することになっていた。交番勤務の後、一年間、留置場にいたのだが、おかげで工藤會や草野一家、他団体の暴力団幹部や組員多数を知ることができた。野村総裁方に捜索差押で立ち入った時の本家統括責任者S組長は、留置場勤務時代に顔見知りとなっていた。暴力団社会の実際、暴力団員と他の犯罪者との関係など、留置人との雑談などで学ぶことができた。これが、後の工藤會対策で役立った。

捜査第四課勤務へ

その後、本部刑事部の刑事総務課庶務係に異動、そこで警部補に昇任し、盗犯係長、機動捜査係長等を経験した。平成二年三月、北九州市警察部刑事課庶務係長の私は、刑事部捜査第四課勤務に命じられた。当時、捜査第四課は、暴力団事件の捜査、暴力団排除活動など暴力団対策全般を担当していた。福岡県警では暴力団取締りなど暴力団対策を担当する係を「暴力犯」という。私は暴力犯を希望したことは一度もなかった。

この頃、警部補で本部刑事部各課に異動になる者は、巡査や巡査部長時代にもその課に所属していた者がほとんどだった。警察署の暴力犯係も経験したことのない若手の警部補が異動するなど聞いたこともなかった。私が命じられたのは刑事部参事官付だった。当時の刑事部参事官は、本部の課長、中小規模警察署署長を経験した、警視正昇任前あるいは定年退職前の警視が座るポストだった。参事官付は私一人、参事官の秘書兼運転手役だった。担当業務は、暴力団排除活動（暴排）の一部、生命保険や損害保険の暴排組織に対する県警の窓口業務だった。

昭和六十二年六月、激しい抗争を続けていた工藤會と草野一家が合併、工藤連合草野一家を結成し北九州地区はほぼ工藤連合一色となっていた。

昭和六十二年十月以降、工藤連合組員の立入を拒んだホテルや、みかじめ料を拒否したヘルスセンターが工藤連合組員らに襲撃される事件が続いていた。更に昭和六十三年三月には、福岡市内の中国領事館に猟銃が撃ち込まれ、宗像市内では元捜査第四課警部の自宅が放火された。これらの事件も工藤連合によるものだった。

県警では、県下四地区毎に「暴力団犯罪集中取締現地本部」を設置し、捜査第四課特捜班に加え、各地区警察署の捜査員を集中して、暴力団への取締りを強化していた。

この頃、全国的には、四代目山口組と山口組から分裂した一和会による激しい抗争など暴力団の抗争が多発していた。その過程で市民や警察官が巻き添えとなる事件も発生していた。このため、警察庁は暴力団対策のための新たな法律の検討を開始していた。

県警の最重点課題は暴力団対策だったが、私はそれまで暴力団対策への関心は薄かった。県内にどのような暴力団が存在するかすら、ほとんど知らなかった。幸い、捜査第四課の庶務係や事件係のみんなは、素人の私に対しても分け隔てなく接してくれ、いろいろと基本的なことを教えてくれた。事件係は暴力団事件捜査事務関係の取りまとめ、警察庁への報告などを担当する係だ。当時、その係長には特捜班のベテランで、警部昇任前の優秀な警部補が座るものとされていた。その事件係長が私よりも十一歳年長の藤﨑寛人係長だった。

道仁会と伊豆組との抗争事件で、現場指揮を担当した古賀利治捜査第四課理事官の直属の部下として、藤﨑係長は優れた実績を上げていた。藤﨑係長は、暴力団のことを何も知らない私に対し、暴力団の実態、暴力団捜査の基本を一つ一つ教えてくれた。古賀警視は平成三年春、吉井警察署長から捜査第四課長に異動し、私の直属の上司となった。

同年五月、暴力団対策法（正式名称「暴力団員による不当な行為の防止等に関する法律」）が制定された。以後、私は同法で新たに規定された暴力追放運動推進センターの設立作業を担当した。平成三年秋、藤﨑係長と私は警部試験に合格し、二人は翌年三月に警部に昇任、それぞれ一線警察署の刑事課長となった。

工藤連合の脅威と正攻法の捜査を学んだ桃田事件

福岡県内は、北部の北九州地区、福岡市を中心とする西部の福岡地区、以前は炭鉱が集中していた中部の筑豊地区、そして南部の筑後地区の四地区で構成されている。

私は、筑後地区の吉井警察署（現・うきは警察署）刑事課長を二年務めた後、平成六年春、筑豊地区の直方警察署刑事課長に異動した。平成六年七月一七日深夜、直方市内で元工藤會田中組桃田組長・桃田静夫（当時41歳）が射殺され捜査を開始した。間もなく、筑豊地区を担当する捜査第四課特捜班が応援に駆けつけてくれた。班長は一緒に警部に昇任した藤﨑警部だった。

この事件は、私が初めて工藤連合の脅威と正攻法の捜査を学んだ事件である。その概要は次のとおりだ。

事件発生当日の午後、工藤連合草野一家田中組、その傘下の田上組員A（当時30歳）が、拳銃二丁、着替えの下着、洗面道具を持ち、自分一人でやったと直方署に「自首」してきた。付近聞き込みから犯人は二人組と認められた。このためAはまず拳銃不法所持で現行犯逮捕した。

現在の五代目工藤會総裁以下のトップ3は、工藤會の主流派である田中組の歴代組長だ。三代目が野村総裁、四代目が田上会長、そして菊地敬吾理事長が当代の五代目田中組長だ。そして野村総裁と田中組三代目組長の座を争ったのが、桃田元組長だった。

結局、野村総裁が勝利し、三代目田中組長を継承、工藤會総裁に上り詰めた。一方、桃田元組長は、昭和六十年十一月、工藤會に脱会通知を送りつけたため、怒った工藤會・工藤玄治会長は桃田を破門、そして絶縁処分とした。桃田元組長は絶縁となった後、福岡県警に逮捕され短期間服役後、東京方面に潜伏していたようだった。絶縁となった桃田元組長が直方市内に戻ってきたことが原因と思われた。その場合、田中組による組織的犯行と推測された。

藤崎班長は、基本通りの捜査、正攻法の捜査を信条としていた。中規模警察署である直方署では刑事課員だけで特別捜査態勢は無理だった。そのため、地域、生安、交通、警備の各課からも人員を出してもらった。暴力犯捜査どころか、捜査についても素人が大半だったが已むを得ない。

藤﨑班長は、Aの家族や知人、Aが所属する工藤連合田中組田上組関係者からの聞き込みを徹底していった。正攻法の暴力団捜査は、人からの情報と基本捜査の徹底の二つであることを藤﨑班長に学んだ。人からの情報収集はダメで元々、情報を知っていると思われる人間から直接会って話を聞くということだ。会うことを拒否されたり、時には嘘をつかれることもあった。素人が大半の捜査陣だったが、藤﨑班長が一人一人の捜査員に、具体的な聞き込み要領や内容を指示していったことから、少しずつ情報が取れるようになっていった。白紙状態に近かった田上組の実態も解明されていった。

かつて、福岡県警は暴力団からの情報を取れないから事件を検挙できない、などと主張する暴力団問題の専門家もいた。私は、暴力団そして暴力団関係者から情報が取れないなどと思ったことは一度もない。ただ、情報はあくまで端緒、糸口だ。情報だけでは事件検挙も、まして今回の工藤會総裁らの事件のように有罪を勝ち取ることはできない。

また、暴力団員であっても、状況証拠を積み重ね、かつ正義感と誠意を持って取調べにあたれば完全自供を得ることは不可能ではない。単独犯を主張していたAは最終段階で完全自供した。

桃田事件では、正攻法の捜査の結果、田上組関係者からの情報、そしてAの自供から、

A単独ではなく田上組幹部Iとの共犯事件であることが判明し、同年九月、両名を桃田元組長殺害容疑で逮捕した。

否認を続けていたIも起訴後は自らの犯行について認めた。その方が完全否認よりも公判での情状面で有利と判断したのだろう。ただ田上組長をはじめ上部の関与については一切口をつぐんだ。Iは懲役十八年、Aは懲役十五年が確定し二人は服役した。

この桃田事件捜査を通じ、私は工藤連合について二つのことを学んだ。それは北九州地区における工藤連合の脅威、そして当時工藤連合田中組長だった野村総裁の執念深さ、田中組田上組長だった田上会長の野村総裁への忠誠心だ。

桃田元組長が野村総裁と三代目田中組長の座を争ったのは、昭和六十年、桃田元組長が殺害されたのは平成六年、すでに九年が経過していた。そして、その命を奪ったのは、田中組田上組幹部らだった。

北九州地区における工藤連合の脅威

Iを逮捕した平成六年九月七日以降、北九州市を中心に発砲事件が続いた。暴力団対策法施行後、それまで暴力団の利用を認めていたホテルやパチンコ店などの中には関係を絶とうとする動きが出て来た。それらが狙われた。暴力団排除を決定したホテルをはじめ、パチンコ店、銀行支店、タクシー会社など、十月二日までの間に十六件の銃撃事件が発生した。被害者の多くは暴力団排除を打ち出していた。その後の捜査により福岡県警は六件を検挙した。いずれも工藤連合組員らによる犯行だった。

福岡県では、暴力団員が抗争事件や事業者襲撃事件のように暴力団組織のために凶悪事件を敢行することを「ジギリ」と呼んでいる。恐らく漢字があるのだろうが、暴力団側も片仮名でジギリと呼んでいる。ジギリ事件で警察に検挙された場合、最低限自分だけで留め、上部まで累を及ぼさないことが原則だ。その場合、勾留、服役中の現金差し入れ、弁護士の選任、服役中の家族の生活費など、暴力団組織が面倒を見てくれる。

平成十五年春、私は捜査第四課管理官として工藤會取締りを直接担当したが、その後の情報収集により、工藤會からIの元妻には毎月生活費が支給されていることが判明した。その他の殺人事件等で長期服役している組員らの家族にも定額の生活費が支給されていた。刑務所を出所後、Iは工藤會直轄組長に昇格し、恐らく多額の報奨金を受け取っているはずだ。自らの犯行を認め、共犯者のIについても供述したAは、Iよりも三年早く出所し、昇格したが直轄組長になることはなかった。その報奨金も少なく、しかも全額支給ではなく毎月数十万円ずつが支給されていた。私が定年退職後、Aは警察の支援を受け、工藤會を離脱した。

連続発砲事件の現場

この事件捜査で、私は暴力団取締りの基本を学ぶとともに、工藤連合が北九州地区の関係者に与えていた脅威を知った。その実態が浮かび上がってきた。捜査員らの地道な聞き込み捜査により、その実態が浮かび上がってきた。北九州市を中心とした北九州地区には、表社会のルールのほか、工藤連合によるルールがあったのだ。九月から十月にかけ発生した連続発砲のように、そのルールに従わない者には容赦なく暴力がふるわれた。

捜査員の聞き込み先だった、ある中古車販売業者は、長年、工藤連合に毎月みかじめ料を支払っていた。しかし営業不振などもあり、その支払いが滞ってしまった。すると会社に駐めていた何十台もの車の窓が割られた。警察に届け出たが犯人は捕まらなかった。再び苦しい中からみかじめ料を支払うようになった。所轄警察署にはみかじめ料の件は黙っていたが、顔なじみとなった直方署の捜査員にはそのことも話してくれた。似たような話が次々と入ってきた。

幸か不幸か、直方警察署管内では、九月以降も銃撃事件は発生しなかった。翌平成七年四月、刑事課長を既に二か所務めた者としては異例だが、私は警察庁暴力団対策第一課に出向となった。恐らく、前年夏まで捜査第四課長を務め、人事を統轄する警務課勤務も長かったO直方署長の推薦があったものと思う。

警察庁で全国暴力団について学ぶ

担当は、暴力団対策法に基づく指定暴力団の指定に関する業務と事件以外の暴力団に関する情報の分析を担当した。暴力団情報については、暴力団の事件関係の情報は暴力団対策第二課（現・暴力団対策課）が担当し、私が担当したのは、各都道府県警察から報告される主要暴力団の動向、主要幹部の人事、組織実態などについてだ。私が着任した時は、山口組、住吉会、そして工藤連合などが二度目の指定を迎えていた。警察庁には三年間出向した。この間、山口組をはじめとする主要暴力団の実態についても多く学ぶことができた。

ただ、団体全体の組織実態であるとか、団体本部が徴収する必要経費、すなわち会費名目の上納金等については、一定程度の解明が進んだが、暴力団がなぜ存続しているのか、個々の暴力団員の資金源がどうなのか、その実態解明は不十分だった。

警察庁の公刊資料『警察白書』の昭和五十五年版に「昭和53年、警察では、1年間に暴力団社会全体へ流入する資金量の全体像について二種類の方法による推計を行い、その総額は約1兆円であるという結果を得た。」との記述がある。その後、暴力団を「一兆円産業」などと呼ぶこともあった。警察庁で暴力団の情報分析を担当した結果、この「1兆円」はあくまでも推計にすぎないことを理解した。

暴力団対策法施行後、全国警察は暴力団の組織実態、資金源解明に力を入れた。その結果、複数の主要指定暴力団のトップらは、関係企業の役員などの名目で年間数千万円の役員報酬を受け取り、しかも確定申告していた。また、いくつかの指定暴力団傘下組織については、徹底的な捜索差押により、上納金出納簿などを押収し、ある程度まではその流れを解明した。ただ、その大部分は、その組の事務所経費や義理掛けと呼ばれる祝儀・不祝儀に充てる費用などだった。「役員報酬」を得ていることが判明した指定暴力団トップについても、関係府県からは、更に多くの金がトップ個人へ吸い上げられ、それを差し出す幹部クラスの不満が高まっている、などの情報も寄せられていた。何よりも、幹部クラスを含め、個々の暴力団員は伝統的に資金源については口を閉ざす。

元漁協組合長が殺害された梶原事件の背景

平成十年二月十八日午後七時頃、北九州市小倉北区の繁華街、古船場町のクラブ前路上で一人の男性が頭や左胸部などを拳銃で撃たれ死亡した。付近のラジオ局では有名ミュージシャンによる公開放送が行なわれ、付近には多数の市民が集まっており、現場は騒然となった。

被害者は元漁協組合長・梶原國弘氏（当時70歳）で、クラブに入ろうとしたところを狙われたのだ。

今回、有罪判決が下された第一の事件がこの事件だ。福岡県警では「梶原事件」と呼んできた。今回の四つの事件の一つに、平成二十六年五月に発生した歯科医師（当時29歳）

が工藤會幹部から刃物で切り付けられ重傷を負った事件がある。この被害者の歯科医師は梶原國弘氏の孫にあたる。

歯科医師襲撃事件の翌月、北九州市八幡西区のマンション駐車場で、車で帰宅した女性（当時46歳）が、やはり工藤會組員らから刃物で切り付けられる殺人未遂事件が発生した。被害女性は、梶原國弘氏のご長男、つまり歯科医師の父が経営する港湾工事関連会社の元従業員だ。

また平成二十五年十二月には、梶原氏の弟で当時、北九州市若松区の漁協組合長・上野忠義氏（当時70歳）が何者かにより射殺されている。上野氏は過去にも銃撃を受けている。この事件は未検挙だが、工藤會による犯行以外は考えられない。

なぜ、梶原氏やそのご家族、さらには元従業員まで執拗に工藤會から狙われたのか。それは、梶原氏やそのご家族が工藤會・野村総裁や田上会長らの不当な要求を拒否し続けたからだ。

梶原氏は、報道されているように元三代目山口組梶原組長だったが、地元暴力団との抗争を機に引退し、その後、地元若松区の漁協組合長を務めていた。一部に梶原氏が元暴力団組長だったことを殊更強調する人がいるが、梶原氏が殺害されたのは、漁協組合長として港湾工事への影響力があり、しかも工藤會の不当な要求を断り続けたためだ。北九州市は港湾都市で大規模な港湾工事も多く、漁業権を有する地元漁協はそれら工事に影響力を持ち、漁業補償金などの利権にも関わっていた。

そして梶原氏は暴力団を引退後も草野一家・草野高明総長と親交があったのは事実だ。草野総長は工藤會二代目にあたる。

漁協組合長となった梶原國弘氏は草野総長に資金提供も行っているとの情報もあった。そのため福岡県警は梶原氏への取締りを強化した。昭和五十七年九月、県警は証人威迫容疑で梶原氏を逮捕した。更に、保釈となった同氏に加え梶原氏の親族を含む漁協理事会メンバーを業務上横領容疑で逮捕した。

当時、北九州市若松区沖の白島に総工費約三〇〇〇億円に上る白島石油備蓄基地が建設され、関係漁協に四十八億円の漁業補償金が支払われた。再逮捕容疑は、梶原氏が組合長を務める漁協への補償金約十七億二九〇〇万円の中から約六七〇〇万円を横領したというものだった。梶原氏はこれら事件で起訴された。

平成三年四月、梶原氏と交遊のあった草野総長が病死した。私は、梶原氏、そしてそのご家族はおそらく草野総長の死を一つの機に、工藤連合との関係遮断を決意されたのではないかないかと考えている。

梶原事件については平成十四年六月、実行犯の工藤連合田中組中村組組長・中村数年(なかむらかずとし)と田中組幹部N、見届け役で逃走車両を準備した田中組古口組組長・古口信一の三名、そして指示者として当時田中組若頭だった田上不美夫工藤會会長を検挙した。実行犯である中村は無期懲役、古口は懲役二十年と有罪が確定したが、田上会長は証拠不十分で不起訴、Nも証拠不十分で高裁で無罪が確定している。当時の工藤連合トップだった溝下秀男総裁も事件については事前に了承していたはずだ。

平成二十六年以降、工藤會の一連の襲撃事件で検挙された組員らの公判で明らかにされているが、草野総長が死亡して間もない時期に、野村総裁が梶原氏に自らとの交際を求めている。その後間もない平成三年七月、梶原氏の息子さん方の子供部屋に拳銃が撃ち込まれた。

平成四年九月、福岡高裁は梶原氏に懲役二年を宣告した。平成七年五月、最高裁は梶原氏の上告を棄却し梶原氏は服役した。平成九年五月、梶原氏は懲役を終え満期出所した。だが、その数か月前から工藤連合田中組の幹部らが、工藤連合の要求に従うよう梶原氏の家族へ圧力を加えていた。だが、梶原氏らはその後も工藤連合幹部らによる不当要求を拒否し続けた。

九月二十八日、若松区で自宅に帰宅した男性に拳銃五発が発射される殺人未遂事件が発生した。被害者は梶原氏の弟で漁協理事・上野忠義氏だった。更にはその三日後、梶原氏の知人が経営する港湾建設会社社長宅に拳銃が撃ち込まれた。翌十月、警察官が梶原氏のご家族宅近くで不審な男を職務質問したところ拳銃を発見、男を逮捕した。男は工藤連合組員だった。後に判明したが、この時期には、既に梶原氏殺害が計画されていた。そして平成十年二月十八日夜、小倉北区の繁華街の路上で、梶原氏は工藤連合幹部らにより射殺された。

暴力団組長だった過去は変えられない。しかし、梶原氏やそのご家族らは、工藤連合の執拗な脅しにも屈しなかった。梶原氏が、工藤連合との関係を続けていれば絶対に起こりえない事件だった。梶原氏のご家族や関係者へはその後も工藤會による卑劣な襲撃事件が続いた。

恐らく読者の多くは、今回の工藤會・野村悟総裁に対する死刑判決に違和感を覚えているだろう。今回判決が下された四件で、実際に命を奪われたのは梶原國弘氏一人だからだ。

ただ実際に命を奪われたのが一人であっても、身の代金誘拐殺人事件などでは死刑が確定した例もある。

工藤連合は、それまでも何度も意に沿わない市民や事業者に対し襲撃を繰り返してきた。結果的に、多くの市民、事業者は工藤連合に屈服した。だから、命まで奪う必要はなかったのだ。ところが梶原氏やそのご家族らは、執拗な脅しに屈しなかった。結果、多数の市民の前で梶原氏は殺害された。

以後、北九州地区で工藤連合と関係を持たざるを得ない人たちはこう言うようになった。

「警察は命まで取らないが、工藤連合は最後に命を取る」と。

北九州地区の利権掌握

次ページの図は、現在の福岡県内暴力団の勢力範囲「縄張り」を表している。

福岡県内は北九州地区、筑豊地区、福岡地区そして筑後地区の四地区に別れている。そして北九州地区に工藤會、筑豊地区に太州会、筑後地区に道仁会と道仁会から分裂した浪川会（旧・九州誠道会）、そして福岡地区に四代目福博会が拠点を置いている。

福岡市を中心とした福岡地区は伝統的に山口組勢力が強く、現在は六代目山口組傘下の

福岡県内暴力団の勢力範囲

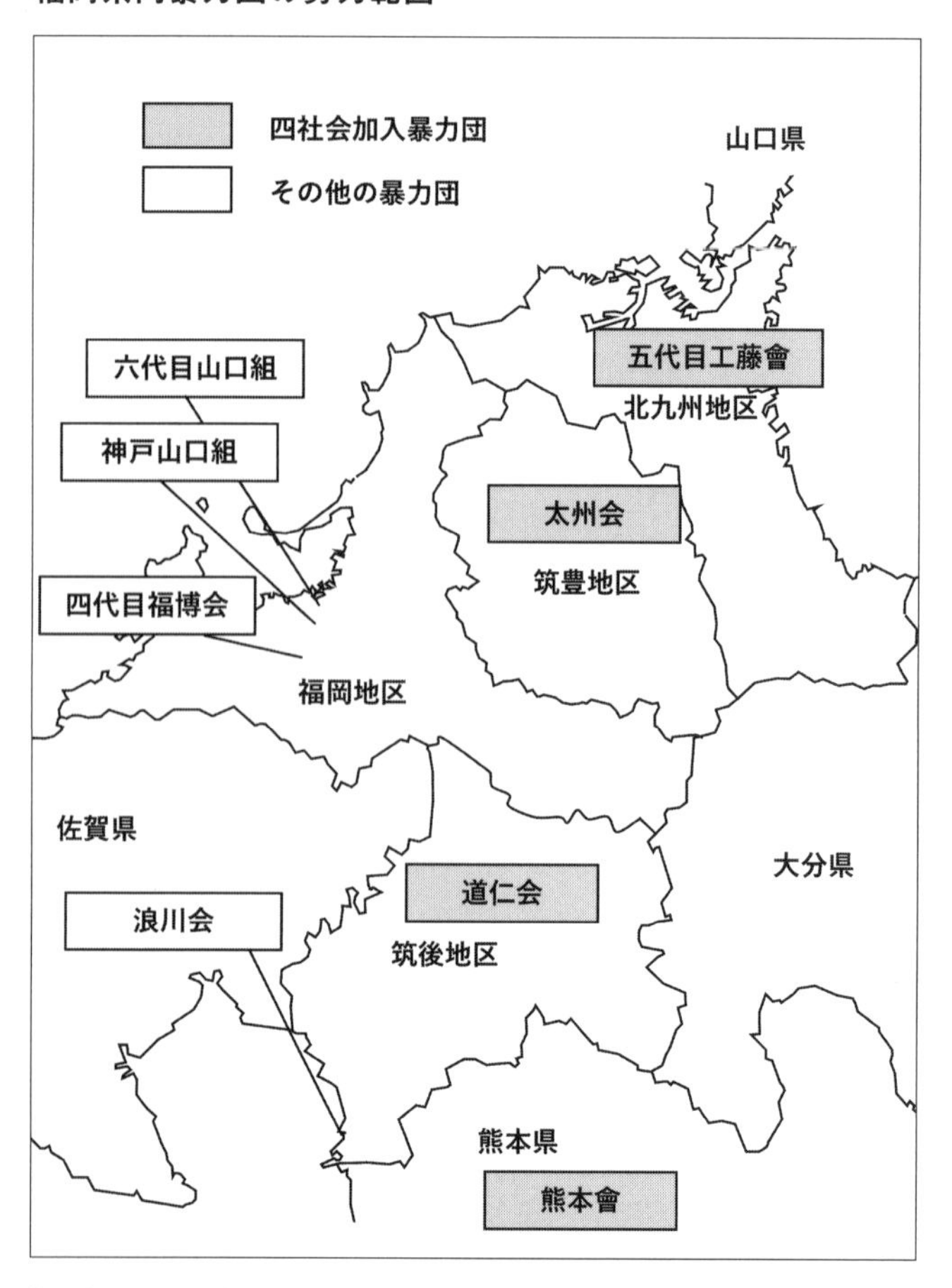

福岡地区には工藤會、道仁会、浪川会の傘下組織も傘下組織を有する

伊豆組、同・一道会、そして神戸山口組傘下組織が活動している。また、工藤會、道仁会、浪川会の傘下組織も活動をしており、その意味で明確な縄張りは存在しない。

工藤會がここまで市民、事業者への執拗な暴力を繰り返してきた背景には、この縄張りの問題がある。

図に「四社会」とあるが、これは工藤會、太州会、道仁会に加え熊本県の未指定暴力団・熊本會の四団体で構成された親睦団体のことだ。まず平成七年、工藤連合・溝下秀男会長の提唱により、工藤連合、太州会、道仁会の三団体が「三社会」を結成した。そして、平成十七年に熊本會が加入し「四社会」となったのだ。

これにより、北九州地区（筑豊地区の一部を含む）は工藤連合、筑豊地区は太州会、筑後地区は道仁会という棲み分けが行なわれ、各団体は他団体の進出を気にすることなく、縄張り内の利権獲得に集中できるようになった。

特に工藤連合は、正確な時期は不明だが、溝下会長時代に五代目山口組・渡邉（わたなべ）芳則（よしのり）組長との間で「菱（ひし）は遠賀川（おんががわ）を越えない」という取り決めが行なわれた。「菱」は山口組のシンボルマークである山菱のことだ。遠賀川は、旧産炭地だった筑豊地区から北九州市の西方を通り響灘（ひびきなだ）に流れる川で、筑豊地区・北九州地区の住民気質と言われる「川筋気質（かわすじかたぎ）」は遠賀川に由来する。

要は山口組は北九州地区には進出しない、工藤會の縄張りを荒らさないということだ。かつて百万都市と呼ばれた北九州市の人口は約九十四万人に減ったとは言え、工藤會単独で活動して行くには十分な経済力を有する。以前、工藤會の田上会長がある捜査員に「北九州の工藤會でいい」と語ったことがあった。私が工藤會担当当時、溝下総裁、野村総裁ともに「北九州はいいところでしょう」と語っていた。私もその言葉には賛同した。

特に、梶原事件により、北九州地区の建設業者の多くに工藤連合の恐怖を植え付けた効果は大きかった。福岡県警はこの大型工事の利権にメスを入れていくこととなった。

なぜ道仁会と九州誠道会の抗争は終結したのか

四社会のうち、道仁会と九州誠道会はかつて激しい抗争を繰り広げ、平成二十四年十二月、全国初の「特定抗争指定暴力団」に指定された。と同時に抗争にともなう襲撃事件発生が止まった。一方、同じく特定抗争指定暴力団に指定された六代目山口組と神戸山口組は未だ抗争終結には至らず、特に山口組側による散発的な襲撃が続いている。

その理由は、先程のように福岡県では各暴力団の勢力範囲が明確に分けられていることが大きいと思う。

私は翌二十五年三月、道仁会本部がある久留米市を管轄する久留米警察署長に異動したが、と同時に道仁会側が「抗争中止」を申し入れてきた。別に私が署長となったから抗争を止めようというのではない。

そして同年六月、道仁会は久留米署に、九州誠道会は管轄の大牟田警察署に「抗争の終結」と「九州誠道会の解散」を宣言する文書を提出してきた。九州誠道会は現実には浪川睦会そして浪川会と名称を変えながら存続している。だが、宣言どおり抗争は間違いなく終結した。

それは、両団体が縄張りとする全地区が特定抗争指定暴力団の指定に基づき「警戒区域」に指定されたことが大きい。佐賀県は全域、福岡県は北九州地区、筑豊地区、福岡地区の一部を除く地域、長崎県、熊本県は両団体傘下組織が活動していた地域が警戒区域に指定された。

福岡県内で警戒区域から外れた北九州地区は工藤會、筑豊地区は太州会、福岡地区の一部は山口組傘下組織の勢力範囲で、従来、道仁会、九州誠道会の活動は見られなかった。

筑豊地区の一部は同地区出身の道仁会組員が若干名、個人的に活動は行っていたが、組織的活動は太州会の了解が必要で、元々行われていなかった。

特定抗争指定暴力団に指定されると警戒区域内で概ね五人以上の暴力団員が集まるだけで、暴力団対策法違反により検挙されてしまう。当時、久留米警察署は、道仁会会長本家を二十四時間態勢で監視・警戒していた。一階部分は事務所と見なされ使用制限を受けていたが、二階部分は会長や部屋住みと呼ばれる住み込みの暴力団員が住居としていたので使用が認められていた。ただし、彼らは常に五人以上にならないよう細心の注意を払っていた。

時々、道仁会幹部が会長本家を訪れるのだが、その幹部の人数分、部屋住みの組員は外出して常に五人未満になるよう気をつけていた。

久留米市内で活動していた道仁会のある傘下組織は二十人ほどの組員がいた。だが、特定抗争指定暴力団に指定後は、五人以上で集まることができず、携帯で連絡を取り合っていたが、いつの間にか半数ほどの組員が所在不明となってしまったという。

暴力団は定期的に組員を集め会合を行ったり、各種行事名目で組員を集合させることが多いが、やはりそれは組織の団結のためにも必要なのだ。

道仁会は郊外のファミリーレストランに集まったり、警戒区域外の場所で集会を行ったりしていたが、それも県警に察知されるようになり、それが抗争終結につながっていったと思う。

一方、六代目山口組と神戸山口組に関しては、両団体が本拠を置く兵庫県や活発に活動していた大阪府、愛知県などでも全域が警戒区域とはされていない。それが道仁会、九州誠道会との違いを生んでいるのではないだろうか。

第三章　激化する工藤會との闘い

大型工事への工藤會関与とゴルフ場襲撃

暴力団の実態はどの団体も同じ、暴力団は所詮、暴力団だということと、資金源を含め暴力団の更なる実態解明の必要性、それを感じながら平成十年四月、私は福岡県警に復帰した。担当は暴力団対策課（現・組織犯罪対策課）の暴力団排除活動（暴排）担当課長補佐だった。暴力団対策課は暴力団対策法制定後、暴排、指定暴力団指定業務、事件捜査以外の暴力団情報の収集・分析を担当する部門が捜査第四課から独立したものだ。

暴排は暴力追放運動（暴追）とも言うが、警察庁に出向したことにより、暴排の重要性も認識していた。暴排の主な業務としては、暴力団対策法によって新たに規定された不当要求防止責任者に対する講習（責任者講習）、福岡県暴力追放運動推進センターや福岡県、各市町村及び各種の暴力団排除組織との連携した各種暴排活動など対外的な業務が多かった。

当時、暴力団対策課には資金源対策のための班が一個班設置されていた。

県警内では、北九州地区の大型工事には工藤會が関与し、五パーセントあるいは十パーセントのみかじめ料を徴収していると言われていた。だが、具体的な情報は乏しく風評の域を脱していなかった。そのような中、資金源対策班は北九州市小倉北区の建設業者Kが、元工藤連合幹部Tと組んで大型工事に介入し、Tが表向き経営する建設会社や休眠状態の建設会社を通じ、工藤連合に多額の資金を提供しているとの情報を入手した。捜査の結果、私が暴力団対策課に異動となった直後、両名を建設業法違反で検挙し、両者は廃業に追い込まれた。

検挙されるまでの数年間で数億円に上る使途不明金が判明し、この金は工藤連合に流れているものと推測された。しかし、二人の口は堅かった。Kは間もなく、妻名義で別会社を立ち上げ活動を再開した。残念ながら、大型工事への工藤連合の介入についても解明することはできなかった。今考えれば、暴力団情報は事件捜査のための情報収集が主で、暴力団の資金源に特化した情報収集は不十分だった。その反省が後日生きることとなった。

暴力団排除では苦い経験もある。平成十二年夏、北九州市内のゴルフ場から、工藤會・溝下秀男会長、野村悟若頭ら工藤會トップの利用を排除したいとの相談を受けた。暴力団幹部はゴルフ好きが多く、この二人もそうだった。

相談を受けた私は、お礼参りの可能性が高いことを説明した。過去、他県で暴力団幹部のプレーを断ったゴルフ場がグリーンを破壊される事件も発生していた。また、一箇所のゴルフ場が排除を行えば、他のゴルフ場も排除が波及するだろう。工藤會の面子に関わる問題なので、何らかの報復が予想された。ゴルフ場は役員会で検討の上、排除を決定した。所轄警察署とも協議し、できるだけパトカーなどによる警戒を強化するとともに、ゴルフ場には防犯カメラの設置を勧めた。現在、福岡県警には保護対策のチームが存在し、必要に応じ二十四時間態勢で警戒を行っている。だが、当時はそのようなものはなかった。防犯カメラの設置は間に合わなかった。八月二十八日の夜、このゴルフ場のグリーンの一部が掘り返され廃油が撒かれた。

福岡県警は、春夏の二回、定期異動がある。その時期に特に工藤會による襲撃事件が発生していた。私は八月三十日付で警務部監察官室への異動が決定していた。異動当日の八月三十日から九月一日にかけ、そのゴルフ場と市内小倉南区のゴルフ場が同様の被害に遭った。小倉南区のゴルフ場も既に工藤會幹部のプレーを断っていたのだった。だが、その情報は少なくとも暴力団対策課には報告されていなかった。そもそも、そのような情報についての報告を県警本部は積極的には求めていなかった。

ただ、仮に暴力団対策課に報告されていたとしても、当時としてはこれらの襲撃事件を完全に防ぐことは困難だったと思う。例えば、ゴルフ場周辺に対し、パトカー、制服警察官の警戒を強化するということが考えられる。襲撃しようとして、あるいは下見に来た暴力団員らがそれに気付けば、襲撃を見合わせるということもあり得たかもしれない。ただ、それは襲撃事件を完全に防止することは出来ない。暴力団による市民や事業者に対する襲撃事件はまさにテロだ。彼らはその日時、場所、被害者、手段を自由に選択できる。警察の警戒が弱まるまで待ってもいいのだ。工藤會によるある銃撃事件では、保護対象者の自宅付近をパトカーがパトロールで立ち寄った直後に発生している。パトカーが今立ち寄ったということは、その後しばらくは来ないということだからだ。

十月二十二日深夜、更なる凶行が発生した。小倉南区のゴルフ場で工藤會幹部らのプレーを前面に立って断っていた支配人方に男が侵入し、支配人の左胸を刃物で刺して逃走した。翌年、実行犯ら工藤會福山組員らを逮捕し、平成十五年には指示者の福山組幹部を逮捕した。福山組は田中組系列で、事件の背後に野村若頭らがいることは明かだった。支配人はこの傷が原因で平成十三年末に亡くなった。工藤會に対する怒りを胸に私は監察官室特命監察官付としての職務を淡々とこなしていった。

中洲カジノ汚職

私が監察官室に異動となった平成十二年八月、警察庁は全国警察に「警察改革要綱」を通達した。前年の神奈川県警の一連の警察官不祥事に始まり、全国で警察不祥事が吹き荒れていたのだ。平成十一年十月、埼玉県桶川駅前で女子大生が男らに殺害される事件が発生した。主犯の男は女子大生にストーカー行為や嫌がらせを繰り返し、被害者やその家族は早い段階から警察に相談していた。だが、担当警察官は「民事」問題を盾に取り消極的な対応に終始していた。被害者側は名誉毀損で告訴したが、捜査は放置状態で結果的には被害者は殺されてしまったのだ。この事件はその後のストーカーに対する法的規制強化にも繋がったが、その代償はあまりに大きかった。

平成十二年一月、新潟県で保健所職員が男性方の二階に監禁されていた若い女性を発見した。保健所職員による警察への通報により女性は保護された。女性は九年前、小学校四年生当時に誘拐され監禁され続けていた。警察は何度か発見の機会がありながら適切な対応を取っていなかった。似たような事件が次々と発覚していった。

事態を重く見た国家公安委員会は有識者による警察刷新会議を発足させ、十一回に及ぶ会議の上、平成十二年七月十三日、刷新会議から「警察刷新に関する緊急提言」が提出された。それを受けての「警察改革要綱」だった。要綱の大きな柱の一つは「警察行政の透明性の確保と自浄機能の強化」、二つ目は「『国民のための警察』の確立」、三つ目は「新たな時代の要請にこたえる警察の構築」、最後の四つ目が「警察活動を支える人的基盤の強化」だった。

四つ目の「人的基盤の強化」については、当時、マスコミ等の一部には、不祥事の続発を種に警察官の増員を図るものだとの批判的意見もあった。このとき警察部内にいた者として、それはお門違いだと言いたい。当時、刑法犯などの犯罪、一一〇番通報件数など爆発的に増加し、現場はその処理に追われていた。私が警察官を拝命した昭和五十年中の全国の刑法犯認知件数は約一二三万件、一一〇番通報は約二三八万件だった。平成十二年中は刑法犯約二四四万件、一一〇番は約八〇九万件と大幅に増加していた。刑法犯はその後、減少を続けているが、一一〇番は横ばい状態だ。

先進諸国に比べても日本の警察官の業務負担は重かった。そしてそれは長年放置されてきた。現場の業務多忙、一部幹部の事なかれ主義、それらがいい加減な事件・事案の処理につながり国民のための警察という大原則を忘れさせてしまっていた。

この監察官室時代、私はカジノ汚職事件の調査にも関わった。と言っても、カジノ業者から賄賂を受け取った直後の警部補の身柄を確保し、担当監察官らに引き継いだだけだったが。

福岡市博多区中洲は九州一の歓楽街で、飲食店、風俗店が集中している。平成十三年当時、中洲には十数軒の違法カジノが確認されていたが、博多署や本部生活安全部が摘発しようとすると、その当日、臨時休業したり、あるいは廃業してしまうということが続いていた。警察内部から情報が漏れている可能性が極めて高かった。

福岡県警は、監察官室にもたらされた匿名情報により、違法カジノ経営者に捜査情報を漏洩し賄賂を受け取っていた現職警部補らを次々と検挙し、懲戒免職としていった。その捜査の過程で、元捜査第四課の警部補が道仁会・松尾誠次郎会長から定期的に賄賂を受け取っていたことも判明し、二人は逮捕された。

当時、上司である監察官室長（首席監察官）がよく言っていた「是々非々（ぜぜひひ）」、是は是、非は非、すなわち「良いことは良い、悪いことは悪い」は私の基本理念の一つとなった。

後に捜査第四課管理官となり工藤會会長宅を初めて捜索した時、工藤會最高幹部の一人が、このカジノ汚職に触れ、「あんなのはこの北九州にも何ぼでもおる」と私に言った。

つまり、北九州地区の捜査員の中に、賄賂を貰って暴力団側に情報を漏洩している者がまだ幾らでもいるというのだ。

「なら、教えてくれんですか。あの事件は私が監察官室の時に担当したんですよ。悪いことをすれば警察官でも捕まえます。教えてください」私がそう答えると、その幹部は言葉に詰まってしまった。すると同席していた田上理事長（現・会長）が「わしらは、ちんころはしません」と引き取ってその場は収まった。「ちんころ」とは密告のことだ。

その後も様々な監察事案を担当するとともに、重要事案の報道対応を担当した。午前中一件、午後一件と二件の懲戒免職事案の報道対応もあった。その頃になると、マスコミ各社も少なくとも監察官室、ひいては福岡県警が是々非々で対応していることを理解してくれるようになった。当時の警務部長はそれを評して「監察とマスコミは緊張感ある信頼関係にある」と言っていた。

工藤會による「不良外国人排除」

工藤會は、「自分たちがいるから北九州には不良外国人がいない」と豪語していた。私が監察官室勤務当時の平成十三年一〇月、工藤會は「不良外国人の排除」を傘下組織に指示した。

工藤會が本拠を置く北九州市には、小倉北区のJR小倉駅南側の鍛治町・堺町・紺屋町地区と、八幡西区黒崎地区の二つの繁華街がある。同月末、八幡西区黒崎の中国エステに工藤會傘下組織の幹部が押しかけ、中国人女性経営者に店を閉めるよう脅迫した。

同年十二月末、小倉北区の繁華街の同じビルにあった二軒の中国エステに対し、男が拳銃を発砲した。以後、平成十五年一月までの間に、発砲事件三件、放火事件六件、器物損壊事件三件、暴力行為二件の計十四件、中国人が経営するエステ、スナック等に対する襲撃事件が発生した。ただ、これらの店は、いずれも違法店舗ではなかった。

福岡県警は、これら事件のうち半分の七件を検挙したが、いずれも工藤會暴力団員によるものだった。

平成十七年九月には、北九州市小倉北区の繁華街の一角にあった中国エステで、中国人の女性店員が男に顔を切りつけられるという事件が発生した。この事件は未検挙だが、平成二十四年に導入した暴力団排除標章制度にともない発生した事件に似ていた。被害女性は、日本人の配偶者で正規滞在者だった。このエステが入っていたビルは、平成十五年六月ころ、一時、福建省出身者を中心としたいわゆる中国マフィアの拠点となっていた。工藤會が気づいていたのかどうかはわからない。

ただ、福岡県警ではこの情報を入手し、入国管理局とも連携し、この店に対する捜査、さらには立入を行った。その後、別の中国人エステの中国人経営者男性が、このビルに出入りしていた中国人数人から暴行を受ける事件が発生し、犯人の男一名を逮捕した。それを機にそれまで出入りしていた中国人と思われる男達は、一切、このビルに近づかなくなった。その後に入手した情報では、マフィアメンバーは全て東京に引きあげたとのことだった。工藤會がそれに気付いたかどうかは不明だが、それから二年後に、中国人女性店員が顔を切りつけられたのだ。

この事件が発生した平成十七年、福岡県警では、工藤會と来日外国人が絡む事件を二件検挙した。一件は、福岡地区の工藤會傘下組織幹部が、中国人窃盗グループを手引きして、その上前をはねていた事件だ。この幹部は自ら、金のありそうな高級住宅街まで中国人グループを車で案内し、盗みに成功した時は、盗んだ金の半分を取り上げていた。

もう一件は、工藤會傘下組織の相談役が、小倉の違法韓国エステからみかじめ料を取っていた事件である。組織的犯罪収益の収受罪で検挙したが、このエステには不法残留の韓国人女性らが働いていた。

たしかに他の都道府県では、暴力団と一部外国人犯罪組織メンバーによる抗争事件も発生していた。しかし、工藤會の「不良外国人排除」では、外国人犯罪組織と命のやりとりを含む抗争事件の発生はなかった。女性しかいない店に数人で押しかけて脅迫したり、拳銃を撃ち込んだり、放火するといった事件が主だった。

違法カジノ摘発

平成十四年三月、私は警視に昇任した。このころ個人的には、ぜひ捜査第四課で工藤會取締りをやりたいと希望していた。だが、ふたを開けてみると、カジノ汚職の舞台となった博多警察署刑事管理官を命じられた。

博多警察署は中洲を管轄し、県内でも犯罪発生件数最多の警察署だった。そしてこの平成十四年は全国的にも刑法犯認知件数が過去最悪の年だった。一年間の勤務だったが、その間、殺人事件六件、殺人未遂事件五件、傷害致死五件が発生し、ほぼ毎月一人が殺害されていた。毎週のように強盗事件が発生し、ひったくりは毎日のように発生していた。しかし、殺人・殺人未遂・傷害致死事件については捜査員らの努力で、後に検挙された殺人事件一件を除き、私が在任中に全て検挙、有罪が確定した。

凶悪事件が多発する中、博多署長は警察本部長から中洲カジノの徹底的な検挙を指示されていた。元博多署員から情報が漏れていたという中洲カジノ汚職の汚名を返上する必要もあった。

当時、十数軒の違法カジノが確認されていた。私が着任した時には、暴力犯を担当する博多署刑事第四課が具体的な容疑情報を獲得していた。まさにカジノ汚職事件の舞台となった博多署だが、捜査員の努力で確実な情報を掴んでいった。

次々と博多署員は違法カジノを摘発し、風俗営業法の立ち入りも活用し、違法カジノを一掃した。この間、ただの一度も情報が漏れることはなかった。カジノの客の一部は新幹線を利用し、北九州市小倉北区の工藤會が関係する違法カジノに流れていった。そういう情報も入るようになっていた。だが年が明けると再び、違法カジノ数店が現れた。これらを壊滅しようとした同年三月、私は希望していた捜査第四課北九州地区担当管理官を命じられた。

工藤會取締りへ

福岡県警では、昭和六十二年に工藤會と草野一家が合併し、工藤連合草野一家を結成以降、捜査第四課を中心に関係警察署から派遣された捜査員を加え、ほぼ百名以上の専従取締態勢を敷いてきた。ただ時間が経過してくると、警察署の中には経験の少ない若手捜査員を派遣したり、一、二年で捜査員を入れ替えたりすることも見うけられるようになってきた。

工藤會では、平成十五年二月、パチンコ店経営者に対する恐喝未遂事件で服役していた工藤會三代目田中組・田上不美夫若頭が出所、四代目田中組長を継承した。と同時に、溝下総裁、野村会長に次ぐナンバー3の工藤會理事長に就任した。

平成十五年三月、県警は各警察署からの派遣制度を廃止し、その人員を捜査第四課専従員とし態勢を強化した。約百人態勢で捜査四課長をトップとする北九州地区暴力団犯罪対策室を立ち上げた。捜査四課長は、県下全域を担当するため、副室長の私が実質的な現場責任者だった。

対策室の主力は捜査第四課だったが、本部生活安全部からも何人かの専従捜査員を派遣してもらい、生活経済事件や風俗事件を担当する生安特捜班一個班を置いた。北九州地区のヤミ金事件には工藤會が見え隠れしていたが、十年近く手つかず状態だった。特捜班長の補充が間に合わなかったため、夏の異動までの間、管理官である私が班長を兼務した。

またある班では、前年から北九州地区の大型工事に強い影響力を持つと言われた福岡県議の内偵を進めていた。私が着任した時には、既に内偵捜査が進み、四月、議員の資金管理団体関係者三人を政治資金規正法違反で逮捕、六月には議員本人を同法違反で逮捕した。その後、公職選挙法違反も判明し、議員を再逮捕、いずれも起訴、有罪が確定した。県議会は全員一致で議員に対し辞職勧告を行い、八月、議員は辞職した。

捜査は成功に終わったが、二つ課題が残された。一つは、議員と工藤會との関係を十分解明出来なかったことだ。議員は、私が暴力団対策課暴排補佐当時に、県警が摘発した元工藤連合幹部Tとの交際は認めた。議員とTは高校時代の同窓だったのだ。しかし、工藤會との関係や大型工事への介入については否認した。残念ながら確実な情報や証拠もなかった。

もう一つは、議員の自宅や関係先への捜索により現金約五億円を押収したが、議員の収入と特定できなかった。そのため大部分を返還せざるを得なかった。県会議員の収入ではあり得ない金額だ。だが、現行の課税制度では、捜査や国税当局の調査により当人がいつ、どのようにして得た収入だと具体的に立証できなければ所得とは認められないのだ。

そして、議員が交際を認めたTだが、同年二月に既に死亡していた。後日の情報では、Tは田上組長が服役中に建設業者から得た金の一部をネコババしていたようだ。田上組長が出所したことにより、それがばれそうになったTは違法薬物に手を出し、その乱用により死亡した。死人に口なしだった。

工藤會と十社会

夏までの短期間、班長を兼務した生安特捜班だが、生活安全部は優秀な捜査員を差し出してくれていた。まず、手つかずだったヤミ金の内偵を進めた。このヤミ金捜査でも知っているはずの者から直接聞くという手法が効果を発揮した。まず、北九州地区各警察署が把握しているヤミ金事件情報や相談を再検討すると、ヤミ金の支払方法の一つに毎月口座振り込みで返済するという手口があった。

判明した一つの口座を調べて見ると、一万円とか五千円とか切りの良い金額で何人もの人間が頻繁に振り込んでいた。ヤミ金の返済口座の可能性が高い。捜査員らは振り込んだ当人らに直接会って話を聞いた。相当数の人間が事情聴取に応じ、工藤會組員らから高利で金を借り、口座振込で返済していることを供述してくれた。また、ヤミ金の客の多くは、複数のヤミ金から借金を重ねており、他のヤミ金についても具体的情報を次々と入手した。いずれも背後には工藤會がついていた。次々と工藤會関係のヤミ金を検挙し、一件については工藤會傘下組織組長まで検挙することができた。

夏の異動では専任の班長が任命され、北九州地区の建設業者からの情報収集も強化した。私の暴力団対策課当時の建設業法違反検挙がそうだったように、それまでの情報収集は事件検挙のための情報収集だった。それら事件の背景にある実態解明にはほど遠い状況だった。

だが、班員らの努力により、少しずつ具体的情報を得ることができるようになった。間もなく、元工藤連合幹部Tの共犯として逮捕された建設業者Kが浮かんできた。彼を中心に一部の建設会社経営者がグループを結成し、毎月末にはKの事務所に集まっているという。そして、小倉北区のKの会社に集まった業者らから毎月のみかじめ料を徴収し、工藤會幹部に渡しているという。班員らはKの会社付近で張り込みを行った。情報どおり、十社会と呼ばれる建設業者らが集まってきた。しばらくして工藤會幹部が現れた。それは工藤會・田上不美夫理事長本人だった。

手榴弾が投げ込まれたクラブ襲撃事件

十社会に是非メスを入れたい、そう考えるようになったその時、クラブ襲撃事件が発生した。

平成十五年八月十八日、月曜日午後八時過ぎ、工藤會組員が小倉北区の繁華街の一角にあった「倶楽部ぼおるど」に手榴弾を投げ込んだのだ。実行犯は工藤會田中組の系列の中島組組員K（当時33歳）だった。Kは現場付近でクラブ従業員や通行人に取り押さえられ逮捕された。Kは激しく抵抗して逃げようとした。クラブに手榴弾を投げ込んだKを、何人もの人間が折り重なるように押さえつけ制圧した。Kは、このとき強く胸部等を圧迫されたことが原因で間もなく死亡した。

クラブ出入り口から数メートル進むとホールになっており、ホステスの女性ら約二十名が待機していた。Kは所持していた米国製の手榴弾を女性らに投げつけた。手榴弾は一人の女性の頭に当たり、壁際に跳ね返って爆発、十二名が重軽傷を負い救急搬送された。爆発地点直近の数名は顔や両手両足に火傷を負い、爆風で足首付近が裂けたり、飛び散ったガラス片などで酷い傷を負った者もいた。このクラブは当時としては珍しく暴力団排除を表明していたため、工藤會組員から度々嫌がらせを受けていた。同年五月には帰宅途中のクラブ支配人が男から刺され重傷を負う事件も発生し捜査中だった。

手榴弾というと普通、いわゆるパイナップルと呼ばれ、周りに切れ目が入った手榴弾を思い浮かべると思う。これは「破片型手榴弾」と呼ばれ、爆発により外壁部分が多数の破片になって飛び散り、その破片で敵を殺傷するものだ。平地などで使用すると、投げたほうにも破片が飛んできて危険だ。この事件で使われた手榴弾は、ＴＮＴ（トリニトロトルエン）という強力な爆薬を樹脂の外壁で包んだものだ。破片は飛ばない。爆風の威力で直近数メートルの敵を殺傷するのだ。攻撃に適しているので「攻撃型手榴弾」と呼ばれる。

現場を確認すると、壁紙を貼って壁に見せかけていた窓ガラスは全て内側から砕け散り、爆発地点近くのソファはひっくり返っていた。爆発地点の壁板は破壊されていた。壁の向こう側は男性トイレだったが、壁側の小便器は粉々に砕け散っていた。強力な爆風が生じたのは間違いない。壁や床には黒く煤がついていた。

左の写真が爆発現場だ。写真右側の壁板が割れているが、この床で手榴弾が爆発した。

右の写真は爆発現場に接する男性用トイレだ。爆発地点側の便器が粉々になっていた。
鑑定により、手榴弾は不完全爆発だったことが判明した。恐らく保管状態が悪かったのだろう。開店後一時間ほどだったので、客は店の奥にいた数名で、爆発地点付近には約二十名の女性らが待機していた。完全爆発なら何人も亡くなっていただろう。なぜ、たまたまクラブで働いていた女性らがこんな目に遭わなければいけないのか。強い怒りを感じた。
それまでの工藤會による嫌がらせ事件を受け、クラブの入口付近には二台の防犯カメラが設置されていた。Kは紺色作業服上下、黒色フルフェイスヘルメット、ズック、手袋を着用していた。店内に入る様子、店内から走り出た直後に爆風で入口のマットが吹き飛ぶ様子、追いかけてきた店員と通行人により取り押さえられる様子がしっかり映っていた。

従業員らがKを押さえつけているところに、救急隊員とパトカーの警察官がほぼ同時に到着した。Kは意識を失っており、そのまま被害にあった女性らとともに救急病院に搬送された。たまたま病院に急行した捜査員がKを知っており、早い段階で工藤會中島組員であることが判明したのだ。

従業員らが逮捕してくれなければ、工藤會の犯行と断定することもできなかっただろう。

次の写真は、後日検挙した別件襲撃事件で、実行犯の工藤會幹部が犯行後逃走する後ろ姿だ。これが工藤會による襲撃事件実行犯の定番スタイルだった。平成二十四年十月、工藤會による襲撃事件捜査の難しさを少しでも理解してもらいたいと考え、NHKなど報道機関に公表したものだ。

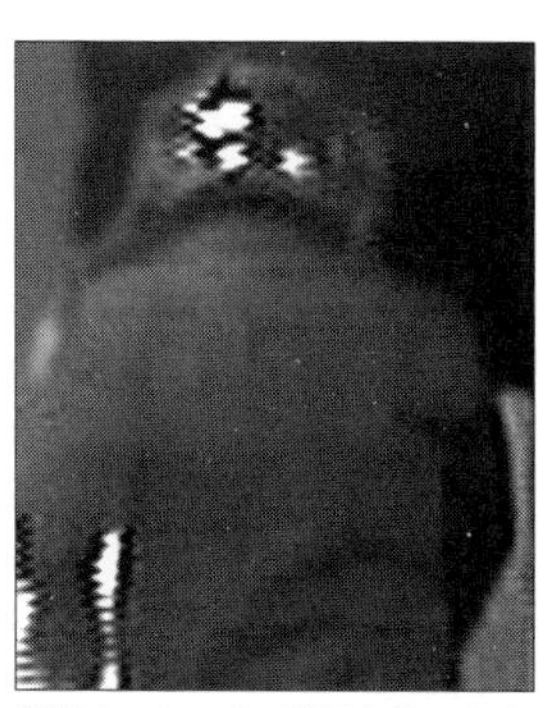
監視カメラに映る襲撃事件の犯人。フルフェイスヘルメット着用が定番スタイルだった

工藤會の情報戦

この事件は全国ニュースでも報道され、工藤會の

凶悪性をより広く知らしめることとなった。一方で、工藤會と福岡県警の情報戦とも言える展開となった。

Kは工藤會田中組系列の中島組、田上不美夫理事長の出身組織の組員だ。この頃、野村悟会長、田上不美夫理事長が歴代組長を務めた田中組系列が工藤會の主流となっていた。Kは事件の少し前まで、野村会長本家の部屋住みをしており、クラブとの接点はない。ただ、ぼおるどは度々工藤會組員らから嫌がらせを受けており、前年にはKと同じ工藤會中島組員らが店内に糞尿を撒くという威力業務妨害事件を起こし逮捕されている。Kは、小倉北区で小売業を営む両親の次男として生まれ、兄は父と共同で店を経営し、妹は看護師という普通の家庭で育った。Kの恋人からも事情を聞いたが、事件直前にも特に不審な言動はなかったようだ。

このKの家族への対応については反省点がある。Kの行動は許しがたいものだが、事件は工藤會の組織的な命令によるものだったのは間違いない。そして、防犯カメラには、一旦、クラブ店内に入ったがすぐに出て来たKが映っていた。Kは店の前の道路をぐるっと一回りすると再び店内に入った。直後、走り出てきたKと追いかける従業員の姿があった。と同時に手榴弾の爆発により店の前のマットが吹き飛び、薄い煙が広がるのが映っていた。

「倶楽部ぼおるど」の襲撃事件現場

Kはなぜ一度クラブから出て来たのか。店内に入りホステスたちの姿を見たKは「やりたくない」そう思ったのではないだろうか。だが、工藤會の一員として組織の命令は絶対だ。決意を固めたKは再び店内に入り手榴弾を投擲した。何の罪もない女性ら十二名が重軽傷を負った。

事件直後、家族らは警察の事情聴取にも応じ、Kの葬儀も家族だけでやると語っていた。ある意味、突然Kを失ったその家族も暴力団組織の犠牲者だ。反省点は、被害者としての彼らに警察は寄り添い、Kの死因についても十分に説明すべきだったということだ。

通常、警察は事件現場の写真を報道機関に提供することはしない。多くの新聞、テレビが事件を報じたが、クラブ出入り口やその周りの野次馬の写真、映像がほとんどだった。中には、鑑識活動のため解放されたクラブ出入り口から店内を写した写真もあった。そこには傷一つないグランドピアノが写っている。ソファやテーブルも整然と並んでいる。

間もなく、工藤會と親交のある人物などが「Kは舌を噛み切って自決した」「あれは爆弾ではない。閃光弾だ」などと主張した。閃光弾は警察の特殊部隊などでも使用するが、強力な閃光と爆音で相手を失神させたり抵抗不能にするもので、殺傷能力はない。なお、舌を噛み切っても簡単には死なない。噛み切った舌の断片がのどに詰まれば、窒息することはある。だが、Kの舌はちゃんとあった。そしてKには自殺する理由がない。Kの死因は圧迫死だ。圧死ともいう。

平成十三年七月、兵庫県明石市の花火大会で、警備の不手際もあり花火客が歩道橋に集中し身動きもできなくなった。そして十一人が死亡し、二百二十九人が負傷するという大事故が発生した。この事故も圧迫死によるものだ。

手榴弾を投げ込み逃走したKを従業員らが身柄を確保しようと必死に押さえつけた。激しく抵抗するKの腕や足だけではなく、時に首も押さえている。従業員もKから酷く殴られ負傷している。だが、意識的に首を絞め続けた訳ではない。首を強く絞めて殺害すると喉仏の上部にある舌骨が折れることがある。だが、解剖の結果、Kの舌骨に異常はなかった。何よりも一部始終が防犯カメラに映っていた。

警察は、異例のことだが爆発現場の写真を報道機関に公表した。正確な情報を積極的に提供する、これも大切だということを痛感した。工藤會の特徴の一つがメディア対策だ。平成十六年の連続発砲事件に際しても、当時の工藤連合幹部が自分らは無関係だと記者会見を行った。

倶楽部ぼおるどはガードマンを雇って営業を再開したが、その後も脅迫が続いた。実弾入りの脅迫状が送られ、事件翌月には休業し、ついに廃業した。「逆らう者は許さない」という工藤會の目的は達成された。

逮捕警察官らを殺人で告訴

クラブ襲撃事件の一年後、作家の宮崎学氏や著名な評論家などが参加し、北九州市小倉北区で「人権を考える」と称する大会が開催された。事前に情報は得ていたが、会場内や周辺での活動は行わなかった。言論や表現の自由の侵害などと工藤會側に主張させないためだ。「人権」とはKの人権で、被害女性や廃業に追い込まれたクラブ関係者の人権は無関係のようだ。

大会後、工藤會と関係の深い弁護士らが記者会見を行い、Kの両親らが逮捕者であるクラブ従業員や福岡県に対し損害賠償請求訴訟を提起したと発表した。Kの遺族は、逮捕者である従業員やKの身柄引渡を受けた警察官を殺人罪で告訴していた。遺族の気持ちもわからないではない。だが、逮捕者の制圧行為は正当行為だし、警察官は単に身柄を受け取ったにすぎない。福岡地検は慎重に捜査した結果、「殺人」については、「嫌疑なし」として不起訴とした。また、損害賠償請求はその後原告側が取り下げた。

クラブ襲撃事件後、県警は工藤會への取締りをさらに徹底した。平成十五年中は七回の一斉摘発を行い、工藤會組員九十人、準構成員等百二人を検挙した。平成十六年は暴力団員二百人、準構成員等二百九十二人を検挙した。平成十五年末、福岡県内の工藤會組員は約五百八十人、翌年末が約五百九十人だから、二年間だけで二人に一人を検挙した。罰金となったり処分保留で起訴猶予となる者もいたが、工藤會組員の三分の一が勾留、服役で社会不在となっていた。

取締りにもかかわらず、工藤會組員は年々増加し、平成二十年末には県内約七百三十人と過去最高となった。ただ、取締りが進めば、暴力団の実態解明も進む。特に暴力団対策法施行後、暴力団は警察との接触を厳しく制限し、事務所への立ち寄りも拒否するようになった。特に工藤會はそうだった。逆説的だが、取締りを徹底すればするほど、暴力団に関する情報を多く得ることができ、暴力団の組織実態のみならず、準構成員等や関係企業、資金源なども解明されてくるのだ。だが、その効果は直ぐ現れるものではない。

地道な情報収集活動

クラブ襲撃事件後、北九州地区暴力団犯罪対策室、そして関係警察署、北九州市警察部機動警察隊の連携、情報交換はより緊密なものとなっていった。機動警察隊は、機動捜査班や自動車警ら班、交通取締班を擁する機動部隊だ。

北九州市小倉北区の歓楽街である堺町、鍛治町、紺屋町は、小倉北警察署旦過町交番が管轄していた。紺屋町には工藤會田中組紺屋町事務所があり、田中組員が常駐し、威容を誇っていた。またこの頃、工藤會は週末の夜、黒スーツ姿の組員を集め、不良外国人排除などの名目で「夜回り」と称する威圧行為を行っていた。クラブ襲撃事件当時は、堺町公園を中心に客引きもたむろしていた。その背後には工藤會の姿が見え隠れしていた。だが、交番は歓楽街から数百メートル以上離れた商店街近くに位置していた。このため、喧嘩や客引きの不法行為、夜回り等の通報があっても、警察官が駆けつけたときは誰もいない、ということもざらだった。

小倉北警察署は、クラブ襲撃事件後の平成十五年九月、小倉北区の繁華街である堺町、鍛治町、紺屋町の警戒を担当する堺町対策隊を設置した。間もなく北九州市の協力で、市が管理する繁華街の中心部・堺町公園に対策隊事務所を置いた。堺町対策隊は制服のパトロール班が主力だった。歓楽街の関係者の中には、「制服警察官がうろうろすると客が寄りつかない」、「工藤會がいるから不良外国人が入ってこない」などと心ない言葉を口にする人もいた。

堺町対策隊は工藤會組員に対しても積極的な職務質問を行ったが、あくまでも職務質問は任意だ。工藤會側は「職務質問には応じるな」と度々指示し、堺町対策隊員らの職務質問を拒否した。だが、堺町対策隊員らは組員の写真帳を作り、顔と名前を覚え、たとえ無視されようと積極的に声を掛けていった。隊員らの地道な活動により、田中組事務所の当番員の組み合わせなどもわかってきた。また、機動警察隊員や各署のパトカー乗務員らも組員への職務質問、交通違反取締りを強化し、組員の中には雑談に応じる者もでてきた。使用車両などの情報も少しずつ蓄積されていった。

第四章　工藤會の反撃

七件もの連続発砲事件

クラブ襲撃事件後、工藤會による特異事件の発生はなかった。この年、工藤會による発砲事件は、七月に福岡地区で発生したパチンコ店への銃撃事件一件だけで、捜査第四課福岡地区班が検挙してくれた。県警内には、一連の取締りにより、工藤會の活動を封じ込めているという意見もあった。だが私は、封じ込めているのではなく、工藤會側がその必要性を感じていないだけではないかと思っていた。クラブ襲撃事件のみならず、平成十年に発生した梶原事件により、工藤會に楯突くと最後は命まで狙われる。その脅威が北九州地区の関係者に浸透していることを感じていた。

平成十六年、状況が一転した。工藤會による発砲事件が七件発生したのだ。県警はうち三件を検挙した。四件は未検挙だが、この四件も容疑者は特定している。工藤會対策の積み重ねにより、かなりの情報を得ることができたことが大きい。一連の事件の背景には、北九州地区の大型工事に絡む利権があった。田上組長が出所し、大型工事の利権拡大を図る中、それまで工藤會に関わらざるを得なかった建設業者の中には、工藤會との関係を絶とうとする動きもでてきたのだ。

検挙できた事件では、実行犯や運転役などのほか、通常は彼らが口をつぐんで守ろうとする事件指揮者まで逮捕、有罪となった。その概要は次のとおりだ。

平成十六年一月二十五日午前二時ごろ、北九州市小倉南区の北九州市議会議長宅に拳銃弾三発が撃ち込まれた。一発は寝ていた家族の枕元をかすめていた。四月十八日午前三時ごろ、小倉北区のパチンコ店経営者宅に、そして五月二十一日午前三時過ぎには同じ小倉北区で福岡県議会議員宅に拳銃弾が撃ち込まれた。六月二十二日午前〇時四十五分ごろ小倉南区の建設会社に、二十七日午前一時十五分ごろには小倉北区のゼネコン北九州営業所、翌二十八日午前四時ごろには小倉北区の洋服店に拳銃弾が撃ち込まれた。

新聞・テレビの論調も厳しさを増してきた。いずれの事件も未検挙の九月一日午前〇時五十分ごろ、戸畑区内の大手物流会社支店に拳銃弾が撃ち込まれた。いずれも工藤會以外はあり得なかった。だが、最初のうちはその原因、動機すらわからず、工藤會のどの傘下組織が関与しているのかも不明だった。

この種の事件では、被害者側から具体的な情報が得られないことが多かった。ただ、四月に発生したパチンコ店経営者宅への発砲事件については、ある組への容疑が強まっていた。このパチンコ店は六月に、筑豊地区の宮田町（現・宮若市）に支店を開店しようとしていた。これに対し地元の工藤會I組組長（当時64歳）が経営者に面会を要求したが、経営者側が断固拒否していたのだ。I組は組員数名で、しかも若頭以下組員全員を前年、中国エステ放火事件等で検挙し、組長一人しか残っていなかった。組長クラスが自ら発砲事件を起こすことなどあり得なかった。

だが、あり得ないことが発生した。オープン直前の宮田町のパチンコ店に、I組長自らトラックを運転し突入したのだ。組長は逃げようともせず、駆けつけた警察官に逮捕された。I組長は建造物損壊事件は否認しようともしなかったが、経営者宅の発砲事件については何も知らないと否認した。だが、自分に動機があることは否定せず、事件に関与しているのは間違いないと思われた。

情報の収集と分析

この時、平成十五年からの工藤會集中取締りと、北九州地区暴力団犯罪対策室各班の連携が生きた。工藤會組員や準構成員等の大量検挙により、工藤會傘下組織やその組員の実態把握が進んでいた。起訴猶予となり釈放された者もいたが、その中には捜査に協力する者も出てきた。暴力団などの組織犯罪は、やはり最後は人からの情報が重要だ。単なる噂話から、自ら事件に関与したなど、様々な情報が寄せられるようになった。

また以前は、「保秘」すなわち捜査情報の保全が強く言われた結果、各班同士横の情報交換が十分機能していなかった。ただ、この頃には私も工藤會担当二年目を迎え、各班長も情報の共有と活用、そして情報の保全の重要性を十分認識してくれていた。後々まで残る報告書では、情報提供者の安全や保秘のため匿名とすることが多いが、口頭で実名を報告してくれた。班長会議では、各班の捜査状況について踏み込んだ発表が行われるようになり、一方で班員全体で共有できる情報と班長止まりの情報の区分もきちんと行われていた。

北九州地区各班では、各班が押収した組員名簿、当番表、携帯電話の住所録、裁判所の令状により押収した通話記録などの情報を共有できるようになっていた。各班が、発生した銃撃事件や様々な工藤會組員による事件捜査に忙殺される中、管理官の私は比較的自由が利いた。自分のパソコンは自作し、表計算ソフトなどの取扱いも比較的慣れていた。各班が持ち寄ったデータを、表計算ソフト、さらにはデータベースソフトを利用した解析プログラムで分析し、各班に還元した。間もなく各班の捜査員に対して解析方法の教養や実習を行うようになった。

個人的には、足かけ十年間、工藤會の情報に触れ続けたことで、見えてきたことが多かったように思う。各種データの分析方法については現在も有効な武器なので詳細は控えるが、これ以降、事件関係者の割り出し、事件の筋読みに役立った。銃撃事件などの事業者、市民への襲撃事件が発生しても、五里霧中ということは無くなっていった。

工藤會F組の関与

宮田町のパチンコ店にトラックで突入した工藤會I組長は、同じ工藤會のF組組長（当時55歳）と懇意にしていた。F組は工藤會本流である田中組系列で、若手を中心に四十人近くの組員を抱えていた。

一連の発砲事件は、工藤會トップの意を受け、総裁、会長の出身母体である田中組系列組織による犯行の可能性が高かった。

捜査は、Ｆ組組員・Ｉ（当時23歳）による交際女性への暴行事件で一気に進展した。この組員が兄貴分のＮ（当時28歳）の指示でゼネコン営業所の襲撃に使用された盗難車両の遺棄に関与していたのだ。

七月一日、Ｉを暴行事件で逮捕した。取調べ担当者の誠意ある取調べ等により、Ｉは素直に事件を認め、間もなく盗難車両の遺棄についても正直に供述してくれた。

平成十五年のクラブ襲撃事件以降、多くの工藤會組員やその親交者を検挙したことが大きかった。組員や親交者の一部は、警察に協力するようになっていたのだ。

また、北九州地区各班の連携もうまくいった。各班は競うようにＦ組や田中組系列の組員を検挙し、その中には一連の襲撃事件に関与している者もいた。そして、取調べ担当者の誠実かつ人間味のある取調べにより、多数の関係者が最終的には自供したのだった。

翌年一月までに七件中三件を検挙、それぞれ有罪となった。五月二十一日発生の福岡県議会議員宅、六月二十二日の小倉南区の建設会社、同月二十七日の小倉北区のゼネコン北九州営業所の三事件だ。そして、関係者の供述や状況証拠の積み重ねにより、通常なら手の届かない事件指揮者の幹部Ｈ（当時34歳）まで検挙することができた。Ｈは田上理事長の運転手をしており、近く昇格するとの情報を得ていた。このことからも、溝下総裁の了解の下、野村会長、田上理事長の指揮の下、一連の襲撃事件が行われたものと認められた。指揮者のHは懲役十七年、建設会社とゼネコン営業所の実行犯Nは他に殺人未遂事件もあり無期懲役、県議宅銃撃事件のOは懲役七年だった。他の共犯者もそれぞれ有罪が確定し服役した。また、多くの協力者も獲得することができた。

情をかける

この捜査の過程を含め、私は現役当時、班長や捜査員に対し、取調べや捜索等の際、「情がわかる人間には情をかける」ように言ってきた。それは決して接見禁止処分中に家族に面会させるなど、違法、不当な便宜を図るということではない。

捜査第四課管理官になって間もないころ、ある工藤會幹部宅の捜索差押に私も臨場した。幹部の妻と中学生の娘が在宅していた。幹部方全体が捜索の対象だから娘の勉強部屋も捜索対象だ。それに娘が反発した。過去、何度も捜索を受け不愉快な思いをしていたようだ。母親が娘を説得し捜索は実施した。この時から次のように考えるようになった。父親が暴力団員だろうと犯罪者だろうと、子供はそれを選んで生まれてきたわけではない。事件と直接関係の無い家族、特に子供にはもう少し配慮が必要ではないか。

以後、相手の家族に小中学生などの子供がいる場合は、できるだけ子供たちが登校した後に踏みこむようにした。また、逮捕する場合も、相手が抵抗したり逃走を謀ろうとしない限り、家族の前では手錠をしないようにした。多人数で取り囲んで逃走できないようにした上で、自宅内ではなく捜査用車両や警察署に同行の上で逮捕した。また、捜索差押を行っても、できるだけ元の通りに戻すようにした。そして、それらの配慮をことさら被疑者に話すことはしない。だが、特に暴力団員はちょっとした心配りに敏感だ。まして、それが本来敵である警察ならばなおさらだ。私が一々指示しなくても、各班の捜査員は、人間対人間の取調べを行ってくれた。それが真の供述、情報提供に繋がっていった。

捜査の限界

未検挙の四件についても実行犯は特定している。ただ実行犯らは取調べ段階で犯行は認めたものの、供述調書には一切応じていない。また、検挙できた三件のように共犯者の供述やそれを裏付ける客観的証拠を得ることもできなかった。彼らは共犯者が自供したり、客観的な状況証拠等が揃い、有罪が免れない事件については認めている。多少なりとも裁判で有利になるからだ。平成十七年に別件発砲事件で検挙したある工藤會組員は、本件について取調べでは自供し、さらに平成十六年に発生した発砲事件についても犯行を認めている。しかし、供述調書の作成には一切応じようとはしなかった。彼は過去にも発砲事件の前科があったため、否認のまま懲役二十五年が確定し服役中である。

そもそも彼らには個人的な動機はない。組織上部から命じられて犯行に及んだだけだからだ。そしてその上部の指示については、誰一人認めようとはしなかった。彼らが自分までで食い止めている限り、工藤會は彼らを評価し、本人や家族の生活費も保証する。一方、我が国の法制度では、仮に他の事件について正直に認めたところでより刑が重くなることはあっても、軽くなることはあり得ない。

実行犯や実行犯の送迎を行った者、逃走用車両を用意した者など相当数の者たちは、自らの犯行のみならず指示者からの具体的指示についても供述し、捜査にも協力している。裁判においてそれらは相当程度、考慮されてはいる。しかし、あくまでも裁判官の判断任せだ。

今回の野村総裁、田上会長の一審判決についても、裁判官の判断が大きく影響している。

そのこと自体は非常にありがたく思っている。だが、裁判官によって異なる判断となることもあり得る。

もう一つは、当時は眼の前の銃撃事件捜査に精一杯だったが、これらの事件が起こる背景の問題がある。工藤會に資金を提供している十社会などの事業者、市民側の問題があった。北九州市では、既に平成元年から、市の公共工事発注にあたって警察と連携し、指名入札参加業者の実態調査を行っていた。特に大規模工事では、工事に関係するすべての業者と警察、北九州市の担当者が一堂に集まり、暴力団等介入排除対策会議を開催してきた。これは「暴排北九州方式」と呼ばれてきた。私も、暴排補佐時代には何度か参加してきた。だが、北九州市発注工事のみならず、国や県、あるいは民間の大型工事を受注し、あるいは下請に入った建設業者たちから、工藤會や工藤會関係企業から不当な要求があったという通報は皆無といってよかった。平成十六年の発砲事件では、被害者の一部から工藤會関係企業からの不当要求があったとの供述を得ることができた。ただ、それは事件後だ。

生安特捜の努力もあり不十分ながら、十社会が浮かび上がった。十社会のメンバー企業は、大型工事の二次、三次の下請工事を確実に受注し売上を伸ばしていった。また一部のゼネコンは地元対策費と称して工藤會へのみかじめ料を織り込んだ上で、工藤會関係企業を下請に入れていた。その場合、工藤會はもちろん、地元とのトラブルの心配もなかった。彼らに暴力団排除、暴追などと言っても聞くはずはなかった。ならどうすれば良いのか。

私は捜査第四課管理官の続投を希望していたが、平成十七年三月、暴力団対策課の次席に異動を命じられた。間もなく、福岡県警は同年四月一日付で、暴力団対策などの組織犯罪対策強化のため組織の改編を行った。暴力団対策課を組織犯罪対策課に改称するとともに、それまで生活安全部にあった保安課、銃器対策課を薬物銃器対策課に一本化し、刑事部に移した。そして、組織犯罪対策課、捜査第四課、薬物銃器対策課を刑事部参事官をトップとする組織犯罪対策本部に統合したのだ。

保安課は覚醒剤等の薬物犯罪取締りを主に担当していた。薬物犯罪、銃器犯罪は暴力団と関係が深いが部が異なるため、暴力団取締りを担当する捜査第四課との関係は、必ずしも良好とはいえない面があった。組織犯罪対策課では、私共々、新たに着任したO課長を中心に、参事官を補佐し三つの課の連携強化を図っていった。少しずつ互いの垣根も低くなっていった。

溝下秀男総裁との対話

私が捜査第四課管理官当時、捜査第四課には警視の階級の幹部が四人いた。四課トップの課長、そしてナンバー2の次席、二人の捜査担当管理官だ。福岡県は四地区に別れるが、福岡、筑豊、筑後地区の三地区担当が上席で、北九州地区担当を一年すると三地区担当に変わるのが常だった。

平成十六年五月、私はすでに北九州地区担当二年目に入っていた。それを強く希望し、課長たちもそれを認めてくれたからだ。このころまで、北九州地区担当管理官を一年以上務めた者は、過去一人しかいなかった。

この年、工藤會は再び牙をむき、一月以降、北九州市内での銃撃事件が続いていた。前年、「警察との接触禁止」を打ち出した工藤會だったが、この頃になると、工藤會幹部や組員と直接会って話ができる捜査員も相当数生まれていた。ただ、そこには一切取り引きめいたことはやらなかった。また工藤會側も表向きの対決姿勢は示しつつも、そのように正々堂々と向かってくる捜査員に対しては、一定の敬意を払っていた。

五月のある日、工藤會・溝下秀男総裁と会うことになった。実はそのしばらく前、溝下総裁の信頼の厚いある人物が、やはり私に会いたいと言ってきたため、課長の了解を得た上で面会していた。その時、溝下総裁が私と会いたがっているということを伝えてきた。

正直、私は溝下総裁に対し強い関心を持っていた。私が初めて暴力犯に足を踏み入れた警部補時代、当時の四課の同僚たちは、口を揃えて「溝下は悪い」「今の工藤連合みたいになったのは溝下のせいだ」などと話していた。

昭和六十二年十月以降、工藤連合組員の立入を拒んだホテルや、みかじめ料を拒否したヘルスセンターが工藤連合組員らに襲撃される事件が続いた。この時、工藤連合を実質仕切っていたのが溝下総裁だ。

翌年三月には、福岡市内の中国領事館に猟銃が撃ち込まれ、宗像市内では元捜査第四課警部の自宅が放火された。これらの事件は溝下総裁直属の工藤連合極政会組員らによるものだった。一方で溝下総裁は、自らの生活を軽妙に描いたエッセーを出版するなど、型破りの行動をとっていた。

溝下総裁は、北九州市内のある喫茶店を指定してきた。軽く見られたくなかったので、店には約束の時間丁度に入った。人目につきにくい奥のソファに溝下総裁と連れの男性が座っていた。私はT班長と二人だった。私たちはスーツにネクタイ姿だが、溝下総裁はベージュのセーター姿だった。週刊誌などの写真どおり、背は高くないが筋肉質の体型だった。

私はその正面に座り、互いに挨拶を交わした。

「工藤會がいるから北九州には不良外国人や菱（山口組）が入ってこない」などと、溝下総裁は工藤會側の主張を一方的にまくし立てた。なぜか視線を合わせようともしなかった。

「警察に対しては、正直なところやり合うつもりはない」とトーンを下げた後、「ところで自分は外様だが、北九州はいいところだと思いませんか？　何でお宅らはすぐ代わるんだろう」と呟いた。

溝下総裁は旧産炭地の筑豊地区、嘉穂郡稲築町（かほぐんいなつきまち）で生まれた。その戸籍の父親欄は空白で、間もなく叔父の養子となり、その後生まれた妹たちと過酷な子供時代を過ごしている。「外様」と表現したのは、草野一家に中途加入し、その後、ナンバー2に上り詰めたからだ。

聞き役に徹していた私は、初めて口を挟んだ。

「私は生まれも育ちも北九州だし、今も北九州に住んでます。北九州はいいところだと思ってますよ。私は二年でも三年でもここにいていい。ただ、北九州の問題は、工藤會以外の選択肢がないことですよ」

「選択肢がない」というのは、工藤會が北九州地区の利権を掌握した結果、誰も工藤會を拒めないという意味だった。平成十五年に発生したクラブ襲撃事件や、この頃続発していた建設業者等に対する銃撃事件への非難も含めていた。

「それなら、いっそ不良外国人や菱を入れましょうか」

そう言いながら、溝下総裁は初めての私の目を見ながら笑った。初対面の警察幹部に素顔をさらけ出す、この笑顔が素人からも好かれる理由だと納得した。

「市民の中には警察は嫌いだ、ヤクザが好きだ、という人もいるでしょう。それはそれでいい。しかし、中には『自分はヤクザは嫌いだ』という人間もいる。そのような人が、ヤクザは嫌いだと手を挙げられますか、北九州で。誰も怖がって挙げられないでしょう。それはおかしいと思います」私も本音で話すことにした。

「正直なところ、警察にはもっと威厳を持ってもらいたい。昔は警察の言うことを我々は聞いた。何百年前からもそうだ」溝下総裁はそう答えた。

私は、市民が被害に遭っていること、特に前述の倶楽部ぼおるど襲撃事件を強く非難した。

「警察と取引しようとか、仲良くしようとは思っていないが、我々を手のひらの上で遊ばせるくらいの度量があってもいいでしょう。態勢を作れば、それだけ実績を上げなきゃいけないから無理をする」溝下総裁は警察の「度量」を求めた。

「私は数字には拘りません。無理な捜査もしません。警察とヤクザは水と油だ。仲良くしたり、手心を加えるなんてあり得ないし、するつもりもありません。ただ私は、重箱の隅をつつくような捜査をさせているが、ヤクザだけではなく、被害者らに対しても嘘をつくな、騙すなと言ってます。そのようなことをしても公判に耐えられるはずがない。市民の理解も得られない」私は反論した。

結局、溝下総裁とは二時間近く話を交わし、後半は連れの男性を含め雑談となった。その中で、溝下総裁は意外な言葉を口にした。

「今まで幸せと思ったことは一度も無い。工藤會をここまでしたが、達成感もない。空しさしか残らなかった。工藤會を継いだのも、そういう巡り合わせだっただけですよ。自分はヤクザにはなりたくなかった」

工藤會トップの口から、そんな言葉が出て来るとは思いもしなかった。

なぜ、初対面の私にこんな話をしたのだろう。今も理由は分からない。推測だが、溝下総裁は組織内、他の場所でもこのような話をしていたのではないだろうか。恐らく、溝下総裁周囲の者たちは、工藤會トップの「ヤクザにはなりたくなかった」という言葉を表沙汰にはしたくなかったのだろう。

「あと、何か言わなきゃならんことが、あるんじゃないですか?」溝下総裁が最後に尋ねた。多分、「市民に迷惑をかけるな」あるいは「市民を襲撃するのは止めてくれ」という言葉を期待したのだと思う。

「ありません」私は工藤會に何か頼む気はなかった。

それを聞いた溝下総裁は、あの笑顔を見せ会談は終わった。

T班長が全員のコーヒー代の支払いをしようとすると、既に溝下総裁側が支払っていた。暴力団から何か奢ってもらったのはこれが最初で最後の経験だった。

溝下総裁とは、その後も何度かやり取りがあった。しかし直接会ったのは、これが最初で最後だった。

溝下総裁はこの二年ほど後、彼の別荘がある大分県九重(くじゅう)の四季を撮影した写真集を作った。そして私に、是非受け取ってもらいたいと言ってきた。私は一冊受け取った。

大きな表紙には、車のハンドルを握り、あの笑顔を浮かべた自らの姿が印刷されていた。

九重の自然の下、心は明鏡止水、澄みきった境地にあると伝えたかったのだろう。溝下総裁の写真集を受け取ったのは、それが私へのメッセージだと考えたためだ。私が暴力団側から何かを受け取ったのもこれが最初で最後だ。一年後、溝下は病を再発し亡くなった。六十一歳だった。

人の心を見抜く能力に秀でた溝下総裁は、恐らく私が彼のメッセージを額面どおりに受け取らないことを理解していただろう。私の考えは現実のものとなっていった。

溝下総裁死後、溝下派と目された何人かが殺され、野村総裁による体制が完成した。野村総裁を引き留める者は誰一人いなくなった。

野村体制で工藤會は凶悪化したのか

野村総裁に対する令和三年八月の死刑判決を巡る報道等では、野村総裁の体制確立後、工藤會が凶暴性を増したかのような記事も散見される。そのような面があるのは間違いない。

女性看護師刺傷事件や元福岡県警警部銃撃事件は、野村総裁の個人的怨恨によるものと言って良い。

　だが今回、死刑判決の大きな理由となった元漁協組合長射殺事件は、溝下秀男体制下の事件であり、溝下総裁も了承していたとの複数の情報もある。

　また、昭和六十三年に発生した福岡県警捜査第四課元警部宅に対する放火事件は、溝下総裁直属の極政会幹部らによる犯行だった。その原因は、溝下総裁が元警部に強い反感を持っていたからだが、当時の工藤玄治総裁、草野高明総長の了解は必ず受けていたはずだ。それがヤクザ（暴力団）だ。

　野村総裁体制下で、工藤會による凶悪事件が次々と敢行された。それは野村総裁、田上会長の指揮命令があり、二人の意思を受け行われたことは間違いない。ただ、それは野村総裁の人格、性格の問題だけではなく、この時期、工藤會がそこまで追い詰められていたことが大きいと思う。全国的な暴力団対策、福岡県警、行政、何よりも市民の側の変化が大きかったのではないだろうか。

　現在、六代目山口組と神戸山口組は特定抗争指定暴力団に指定され、散発的に抗争を続けている。抗争事件以外で、直接市民が殺傷され、あるいは事業者の事務所等に拳銃が撃ち込まれたり、放火される事件は余り聞かない。だが、彼らは双方とも暴力団組織としての活動を継続している。それは六代目山口組や神戸山口組だけではない。他の暴力団も敢えて市民、事業者への暴力を行使しなくても、必要な資金を得ることができているからだ。

しばらく前、暴力団と芸能界との関係が問題となったことがあった。かつて芸能人やプロレスラーの地方興行は暴力団が仕切っていた。国民歌手と呼ばれた美空ひばりさんは、三代目山口組の田岡一雄組長を「田岡のおじさん」と呼んで慕っていた。美空ひばり公式ウェブサイトのプロフィールの「1981年7月23日」に「田岡一雄死去」とある。もちろん三代目山口組長・田岡一雄のことだ。

山口組が芸能界に強い影響力を持つようになったのは、田岡組長が芸能人から慕われたからだけではない。

昭和二十八年一月、俳優の鶴田浩二さんが大阪市の宿泊先旅館で山口組組員らから襲撃され頭と手に十一針縫う傷を負っている。鶴田さん本人が山口組と何かあった訳ではない。事件の数日前、田岡組長に挨拶に来た鶴田さんのマネージャーが、挨拶と称して浅草海苔と金包みを田岡組長に渡そうとしたことがあった。山口組組長としてのプライドが傷つけられたと感じたのだろう、金を差し出された田岡組長は激怒し、封筒の金を突き返した。

田岡組長は鶴田さんとはその後、互いの誤解を解き交際するようになったと語っている。

一方、懲役十月となった実行犯の一人、山本健一は破門、絶縁などの処分は受けなかったようだ。「誤解」により鶴田さんに酷い傷を負わせたにもかかわらずにだ。山本は後に初代山健組長、そして三代目山口組若頭となった。山本は「田岡組長死去」の翌年二月に病死した。存命なら山口組四代目を継承したはずだ。

暴力団関連著作等で著名なジャーナリストに溝口敦氏がいる。溝口氏はなぜか工藤會に対しては一定の評価を与えているが、山口組に対しては一切容赦がない。平成二年九月、東京都の自宅マンションで、溝口氏は男から刃物で背中を刺され重傷を負っている。犯人は未検挙だ。当時、氏は五代目山口組・渡邉芳則組長を扱った著作を公表し、それに対し山口組幹部から圧力が加えられたが、それをはねつけていた。

さらに平成十八年一月には東京都三鷹市で、溝口氏のご長男が山口組山健組員らに尻を刺され負傷している。背景には溝口氏が雑誌に山健組に批判的な記事を書いたことがあったようだ。

暴力団対策法が施行された平成四年、伊丹十三監督の『ミンボーの女』が公開されヒットした。この作品は暴力団による民事介入暴力など暴力団の実態を正面から描いたものだ。同年五月、伊丹監督は東京都世田谷区の自宅マンション近くの駐車場で、車から降りようとしたところを山口組後藤組組員五人から襲撃された。羽交い締めにされた上、左顔面、首筋、耳など刃物で切られ全治三か月の重傷を負っている。

暴力団は脅し、暴力のプロだ。決して無理はしない。しかし、自分らの意に沿わない者に対し最後は卑劣な暴力を容赦しない、それが暴力団だ。

この点については最終章の「これからの組織的犯罪戦略を考える」で再び触れてみたい。

第五章　福岡県警 対 工藤會

北九州地区暴力団総合対策現地本部

今思い返してみると、平成十七年四月からの丸一年間は、福岡県警の暴力団対策にとって一つの戦略的転換点だったと言える。それまでの工藤會対策は工藤會対捜査第四課という構図だった。それが県警対工藤會へと変わったのだ。当時、刑事部門のトップは、W部長だった。W部長は私が暴排補佐当時は捜査第四課長を務め、倶楽部ぼおるど事件当時は小倉北警察署長だった。クラブ襲撃事件後、小倉北区の繁華街に堺町対策隊を新設したのもW署長だ。

組織犯罪対策課は、新たに設置された組織犯罪対策本部各課の筆頭課となった。そして次席の私に、刑事部長から一つの課題が与えられた。それは工藤會対策の抜本的改革だ。福岡県警は、クラブ襲撃事件後、工藤會に対する徹底的取締りを推進し、組員の半数近くを検挙した。だが、工藤會は平成十六年には建設業者等に対する発砲事件を繰り返した。捜査第四課を中心とした取締りに限界があるのは明白だった。組織犯罪対策本部に所属する組織犯罪対策課、捜査第四課、薬物銃器対策課の各次席と、県警の人事、企画を担当する警務課の企画担当管理官も加わって検討を進めた。

その結果、関係各部門の了解も得て平成十八年四月一日、北九州市警察部に設置されたのが北九州地区暴力団総合対策現地本部（以下「現地本部」）だ。現地本部の発足は、報道各社にも積極的に広報した。報道では現地本部七百人態勢となっているが、この数は保護対策のため県警内から最大限動員可能な二百人と、既存の北九州市警察部機動警察隊全体を含んだ数だ。

ただ取締りにあたる特捜班も大幅に強化した。捜査第四課の北九州地区各班に加え、刑事部から知能犯や汚職事件を担当する捜査第二課、窃盗事件を担当する捜査第三課、薬物銃器対策課の特捜班が加わった。さらに大きな変化は、少年課、生活経済課など生活安全部の特捜班を専従させたことだ。特捜班だけでも約二百人態勢となった。現地本部長にはN北九

「暴力団総合対策現地本部」発足当時の筆者

州市警察部長が就任した。N部長は捜査第一課長を務めるなど刑事部を代表する幹部だった。私は、現地本部長を補佐する現地統括管理官を命じられた。

この現地本部では、従来とは大きく異なる部隊、係も新設した。一つは工藤會に対する職務質問専門部隊・特別遊撃隊（略称・特遊隊）で機動警察隊内に新設した。もう一つは、工藤會関係企業からの情報収集に特化した企業情報班だ。

工藤會職務質問部隊・特別遊撃隊

この頃、工藤會は組員に対し「警察の職務質問には応じるな」と度々指示をしていた。このため、警察官が車を運転中の工藤會組員を停車させても、免許証は見せるものの、一切質問には応じようとはしなかった。そして、すぐに応援の組員を集め、警察官に抗議を繰り返していた。その状況をYouTubeに投稿する組員もいた。これに対抗するため、警務課からの提案もあり、工藤會組員への職務質問専門のパトカー部隊・特遊隊を新設したのだ。私が拘ったのは、特遊隊は基本的に制服勤務とすることだ。

これは、北九州地区の市民に、制服警察官が工藤會暴力団員に積極的に職務質問をしている姿を見てもらいたかったからだ。特遊隊員は、隊員の発案により「特別遊撃隊」と金色刺繍をした黒腕章を着用した。私が管理官当時の特捜班出身の警部が初代隊長に任命された。

警察官が職務質問を始めると、すぐに工藤會側が応援を求めるので、特遊隊のパトカーには特遊隊員二人のほか、北九州地区を管轄する警備部第二機動隊の応援を受け機動隊員二人を同乗させた。一台の車に乗車している工藤會組員らは多くても二、三人だから、一台のパトカーで十分対応可能となった。相手側が複数台あるいは応援を呼んだ時は、すぐ応援を派遣することにした。特遊隊のみならず、無線を傍受した機動警察隊や所轄警察署のパトカーも応援に駆けつけてくれた。

工藤會組員に対する職務質問を繰り返すうちに隊員の練度も上がって行った。隊員たちは工藤會組員の顔と名前を覚え、さらには使用車両や立回り先などの把握も進んだ。運の悪い組員は日に何度も職務質問を受けた。工藤會側も特遊隊には一目置き、「黒腕章には気をつけろ」などと言うようになった。機動警察隊の警ら班や機動捜査班、機動取締班の隊員らも競うように工藤會組員、そして親交者に対する職務質問、交通違反取締りを進めていった。クラブ襲撃事件を受けて発足した堺町対策隊員らも職務質問の腕を上げていった。やはり相手の顔と名前を覚え、積極的に声かけを行っていったことが大きい。

数か月後、工藤會は組員に対し「職務質問には応じてよいが、車内検索には応じるな」と指示を変えた。実際には、工藤會組員の多くは、任意の車内検索に対しても根負けして応じるようになっていた。彼らは面子にかかわるので、他の組員がいる時や組事務所周辺ではなかなか車内検索には応じない。だが、他人の目がなく、覚醒剤など禁制品も所持していない場合は、早く職務質問を終らせるため車内検索にも応じるようになってきたのだ。

特遊隊員には暴力犯や薬銃捜査経験者もおり、組員や親交者らを覚醒剤所持や使用で次々検挙していった。あるとき、覚醒剤所持容疑が濃厚な、工藤會組員ら二人を特遊隊員が職務質問した。場所は小倉北区の中心部、ＪＲ小倉駅前北側道路だった。駅前は駅構内へと通じる高架の通路となっていた。多数の市民が成り行きを見守るなか、組員二人はドアをロックして亀の子戦術で抵抗した。特遊隊長も応援に駆けつけ、職務質問と同時進行で彼らが乗車している車に対する捜索差押許可状を裁判所に請求した。時間との戦いだったが、幸い許可状が間に合った。許可状を突きつけられた組員らは、しぶしぶドアを開け、捜索に応じた。結果は覚醒剤等の禁制品の発見には至らなかったが、市民の中には拍手をしてくれる人もいた。

一方で無罪事件も一件発生した。この事件では工藤會親交者が覚醒剤を所持していたのは事実だが、職務質問の任意性がないと指摘され無罪となった。職務質問の時間が長くなりすぎたのだ。その間、相手は常に警察の監視下にあり、実質的な拘束状態だったと認定された。失敗と成功に学びながら、特遊隊、機動警察隊、堺町対策隊員らは工藤會組員やその親交者に対する職務質問を積み重ねていった。

それまでは、工藤會側が「職務質問に応じるな」と指示を徹底したこともあり、工藤會組員の住所や使用車両等の実態把握は表面的なものに留まっていた。だが、現地本部態勢が発足した後は、組員のみならず、行動を共にしている親交者、彼らの使用車両、携帯電話など貴重な情報が蓄積されていった。工藤會の襲撃事件では、親交者が運転手役を務めることが多い。運転免許証の住所も、虚偽住所だと免状不実記載で逮捕されるため、彼らは本当の住所を届け出るようになった。職務質問による新規組員の把握も進んだ。

工藤會傘下組織、特にその主力である田中組の事務所当番交代時間には、堺町対策隊員や特遊隊員らが組事務所周辺で網を張った。それにより日々の当番員の組み合わせも判明していった。また工藤會によると思われる襲撃事件が発生すると、各署はその管内の組事務所に警察官を派遣し視察を徹底した。組当番に付いているはずの組員が事件後に外から戻って来ることもあった。警察官が職務質問すると「風呂に行っていた」と答えた。組事務所には風呂があるにもかかわらずだ。後日、その組員は襲撃事件に関与していたことが判明し逮捕された。職務質問の際、ある程度の雑談に応じる者も増えてきた。

私の所には、これらの報告書が毎日送られてきた。時に百件近くになることもあったが、必ず目を通した。これら情報の積み重ねが、後日、大いに役立つことになる。だが、そのためには、更に数年の蓄積が必要だった。

企業情報班の誕生

現地本部態勢を作る時、私が拘ったもう一つが工藤會関係企業に対する情報収集専門の係を作ることだった。捜査第四課管理官当時、生安特捜により工藤會と建設業者との関係がおぼろげながら浮かんできた。そして、これまでの経験から、相手が誰であれ正しく努力すれば情報は取れる、ということは確信に変わっていた。幸い希望が通り、捜査四課の情報収集に優れ、そして誠実な警部補と巡査部長の二人で企業情報班が誕生した。

一部のスパイ活動などでは情報を金で買うということもあるようだが、私はこれまで情報を金で買ったり買わせたことはない。ただ、嘘はつかない、他の人間の話はしない、ということは徹底してもらった。捜査員の中には、誰々がこんなことを言っていたなどと言う者もいたが、人の話をするということは、第三者に自分のことも話すかもしれないということだ。本当の信頼を得ることなどできない。企業情報班や情報担当者は時に相手方と飲食を共にすることはあった。その場合は、目立たない場所で捜査費を活用した。情報収集のための飲食代や手土産代は公式に認められている。

現地本部には工藤會の資金源対策として、捜査第四課の資金源対策班に加え、捜査第二課の特捜班を置いた。企業情報班は、取締りとは完全に分離した。従来の暴力団取締りでの情報収集は事件捜査のためのものだった。自分が検挙されるかもしれないのに本当の話をする者はいない。繁華街におけるみかじめ料の実態を把握しようと、警察官を動員して各店舗に対し一斉聞き込みを行うという「ローラー作戦」も行なわれてきた。だが、初対面で、かつ二度と会わないだろう警察官に本当の話をする者もまずいない。

企業情報班は、工藤會と関係があると思われた地元建設業者、更には大型工事に関し工藤會とゼネコンとのパイプ役と言われていた者にも何度も何度も足を運んだ。十社会は当時、二十から三十社ほどに増えていた。最初から面会を拒否する者はいなかった。そして最初から本音の話をする者もいない。ただ建設業界を取り巻く環境は厳しさを増していた。

建設業界で常態化していた談合に対しても取締りが強化され、以前のような高額の落札は困難となっていた。また景気も厳しさを増しつつあり、工藤會へのみかじめ料も大きな負担になりつつあった。また、経営者の多くは世代交代の時期を迎え、息子など親族を後継者とすることが多かった。自分はともかく、息子たちに工藤會との関係を引きずりたくないと考えている者も出てきた。

企業班は、警察に協力すれば手加減するなど、取引じみたことは一切言わない。自分たちは取締りとは無関係だが、工藤會との関係が明らかとなれば、警察は一切容赦しないことも隠さなかった。何度も業者と会うごとに、少しずつ彼らから本音の話が出て来るようになってきた。まず、過去の話、そして自分と対立関係にあるような業者の噂話、そのうち、具体的な工事に関する話と進んでいった。工藤會との関係についても否定しないようになった。

単純接触効果

新聞記者の取材方法の一つに「鑑取り(かんどり)」がある。彼らが取材で得た情報を、当事者やそれを知り得る立場の人間にぶつけ、相手の反応を見るというやり方だ。警察官はお人好しが多く、これに素直に反応してしまう幹部等が多い。「何で知ってるんだ」とうろたえたり、驚きを見せるだけで、相手記者に自信を与えてしまう。

それは暴力団捜査でも同様だ。直接会って相手の反応を見ることによって、白を切っているのか、本当に知らないのかが分かってくる。その後、工藤會をはじめ他の暴力団幹部に対しての情報収集で役立った。工藤會による数々の襲撃事件について、初めの頃は「あれは工藤會じゃない」と明確に否定していた幹部でも、同じ捜査員と何度も顔を合わせるうちに、否定はせずに言葉を濁すようになってきた。自分らに都合の悪いことは絶対言わないが、その幹部の傘下組織が直接関係している場合と違う場合ではやはり反応が違った。

被疑者の取調べでも同様だ。暴力団員や、暴力団と密接な関係が認められる者については、刑事訴訟法で認められている十日、あるいは最大の二十日間勾留される。逮捕による拘束時間を加えれば最大二十三日間となる。

取調べでは事実関係の取調べは当然だが、毎日毎日、顔を合わせ、時には相手の不安や過去の苦労話も受け止めることも大切だ。そのことによって、心の壁が取り払われ、本音の話が聞けるようになるのだ。聞き込みでも同様だ。一度だけではなく、重要と思われる相手には、捜査員は何度も足を運んだ。そして大事なのは誠意だ。何度も顔を合わせることの効果を、社会心理学で「単純接触効果」と呼ぶことを最近知った。

単純接触効果とは、初めて接したときは好きとも嫌いとも思わなかったが刺激に繰り返し触れることで、好意が少しずつ増していく現象のことを言う。ある実験では、事前に身体的な魅力が同じくらいであると評価された女性四名に協力を依頼し、ある講義に受講生として出席してもらった。その際、女性四名のそれぞれの出席回数を一回から十五回までの間で変えておく。学期の終わりに四名の写真を講義に出席している学生たち（男性二十四名、女性二十名、計四十四名）に見せて、それぞれの魅力について評価させたところ、出席回数の多い女性ほど魅力的とされた。この実験により、単純接触効果は、話したことがあるような知り合いだけでなく、言葉を交わすなどの直接的な関わりがない人が相手でも生じることが明らかとなった（菊池由希子・他『情報を正しく選択するための認知バイアス事典』フォレスト出版）。

また、最初の印象が良いときは、なんとも思っていない相手よりも緩やかではあるが単純接触効果が生じること、また、第一印象が悪いときは、接触する回数や頻度を増すことは好意を高めるためには逆効果であることが明らかにされている。つまり、誰かと頻繁に接触することで相手の好意を高めたいときには、前提としてその人に嫌われてはいないことが重要だという。

暴力団関係者は、警察が彼らを取締るために活動していることは百も承知の上だ。だが、警察官としての正義感、信念を持ち、そして誠実に、正々堂々と自分に向かってくる捜査員に対してはある程度の敬意を示し心を開いてくることが多い。たとえ彼らを逮捕し、懲役に送り込んだとしてもそれは変わらない。自分の運の悪さを嘆きこそすれ、担当した捜査員を逆恨みする者はまずいない。一方で暴力団員やその関係者から嫌われる捜査員がいる。それは嘘をつく人間だ。できない約束をするのも嘘と同じだ。私はそのような捜査員も何人か見てきた。暴力団員、特に幹部に口先の嘘は通用しない。

工藤會関係企業取締り

当時、工藤會へのみかじめ料は、建築工事が一パーセント、土木が一・五から二パーセント、解体工事が五パーセントと言われていた。解体工事が高いのは、解体の際に出る鉄骨などを売ればその分の利益が出るからだ。

現地本部には、捜査第二課特捜班も配置され、二課の特捜と四課の資金源担当特捜班とが競うように、これら工藤會関係企業を摘発していった。談合、建設業法、廃棄物処理法、使える法律は何でも活用した。二課の特捜は、さらに捜査を進めて、これら企業と公務員の癒着も解明し、国交省職員や地元議員らが絡む複数の贈収賄事件検挙にも繋がっていった。その捜査の過程で、国税当局とも緊密な連携を図り、一部企業の脱税も明らかにした。それらの金は工藤會に流れていたのだ。警察では大分以前から捜査で判明した脱税事犯については国税へ通報する「課税通報」が行われている。ただ、その多くは単なる「通報」に留まっている。具体的な社名等は控えるが、工藤會関係企業の脱税に対し、国税当局は数億円を追徴した。

また、中小規模の建設業者の許可は福岡県が行っている。県は県警との連携を強化し、工藤會関係企業に対しては簡単には廃業や新たな許可を認めなくなった。以前のように、一旦表向き廃業し、妻や親族名義で社名を改め再び建設業を再開するという手段は通用しなくなった。このため実際に会社を潰す者もでてきた。

現地本部の資金源対策が軌道に乗るにつれ、工藤會と関係の深い業者からは次のような言葉が聞こえるようになった。「工藤會は命を取るが、警察は会社を潰す」。県警は決して真面目な業者を目の敵にしていた訳ではない。これら工藤會関係の建設業者は、北九州地区の大型工事を工藤會、自分たちの都合の良いようにねじ曲げていた。これらの企業は、多くの大型工事の下請けを次々に受注し、真面目にコツコツ仕事をしている大多数の業者は、それら工事から弾き飛ばされていた。一方で、警察に摘発された後、これを機に工藤會との関係を絶とうとする業者もでてくるようになった。企業情報班は引き続きそれらの業者との接触を続けた。

事業者襲撃等事件

工藤會関係企業への取締りが進み、工藤會との関係を絶とうとする動きが加速するなか、平成十七年七月九日、小倉北区の大手建設業者の九州支店に拳銃が撃ち込まれた。二日後の十一日には、門司区の建設会社事務所がやはり拳銃を撃ち込まれた。建設業者への襲撃は更に続き、元請けのゼネコンが狙われるようになった。十二月四日の早朝、福岡市中央区で清水建設九州支店が入居するビルに拳銃弾六発が撃ち込まれた。翌五日深夜、やはり福岡市中央区で熊谷組九州支店へ、そして小倉北区の地元建設会社と浅沼（あさぬま）組北九州営業所が銃撃を受けた。更に平成十九年一月には、八幡西区マンション建設現場が放火された。二十五日には小倉北区の不動産会社、翌二十六日には小倉北区の新築ビルに銃弾が撃ち込まれた。このビルは清水建設と地元建設業者が西部ガスから受注し、数日後には引渡予定だった。二月二十八日未明、福岡市博多区の西部ガス本社ビルに拳銃弾二発が撃ち込まれた。

銃撃された西部ガス本社ビル

　いずれの事件も工藤會関与と見られたが、平成十六年の連続発砲事件捜査のようには行かなかった。北九州地区での工藤會組員の実態把握は着実に進んでいたが、現地本部はあくまでも北九州地区の現地本部だ。福岡など他の地区で発生した事件捜査は捜査第四課の福岡地区各班が担当した。

　何よりも、平成十八年五月、久留米の指定暴力団道仁会が、三代目会長継承問題から分裂し、福岡県南部の大牟田市を拠点とする九州誠道会（現・浪川会）と道仁会との激しい抗争事件が勃発していた。平成十九年八月十八日、福岡市中央区で道仁会三代目・松尾義久会長が九州誠道会組員らにより射殺され、抗争はより激化した。十一月には佐賀県武雄市の病院で、九州誠道会組員と間違われた宮元洋さん（当時34歳）が道仁会組員から射殺される事件まで発生した。昭和六十年代のように福岡県警は再び二正面作戦を強いられることとなった。

また当時、F組関係をはじめ北九州地区の工藤會内には、ある程度の協力者は獲得していたが、工藤會主流の田中組本体や福岡地区傘下組織に対しては不十分だった。福岡地区の事件は福岡地区傘下組織が、北九州地区はかつて多数の検挙者を出したF組以外が関与しているものと思われた。北九州地区建設業者の工藤會離れが加速する中、工藤會は元請けである清水建設等への襲撃を繰り返し、更には元請けである西部ガスまで狙うようになっていった。

三月六日、一件の事件も検挙できない中、県警の定期異動により私は空港署長へ異動した。同日夜、建設業者との関係が噂されていた工藤會傘下組織相談役が拳銃で撃たれ負傷した。それ以降も、工藤會によるとみられる銃撃、放火事件等が続いていった。同年十二月には、小倉北区で建設会社社長が何者かから刺され、翌年一月に亡くなった。

空港署長の一年、署員はよく頑張ってくれた。特に薬物事件ではかつてない成果を出してくれた。しかし、私の頭から工藤會対策が離れることはなかった。私は、次回異動時には捜査第四課長を強く希望した。平成二十年二月、本部から異動内示の電話があった。刑事部の課長職だった。だが、捜査第四課ではなく畑違いの鑑識課長だった。私はもう一度聞き直したが間違いなかった。

第六章　市民や行政を巻き込んだ闘いへ

溝下総裁の死

鑑識課長となって様々な事件現場で、本部鑑識課員そして警察署鑑識係員の地道な活動に接し、基本どおりの捜査、鑑識活動の重要性を再認識した。その中で、工藤會や道仁会の襲撃事件の現場鑑識活動にも従事した。

平成二十年九月十五日月曜日は敬老の日で休日だった。同日の午前中、福岡県の南端、熊本県との県境の大牟田市で、道仁会と抗争中の九州誠道会傘下組織組長が拳銃で撃たれ死亡した。県警は後日、道仁会幹部を検挙した。

同日午前九時ごろ、北九州市小倉南区と苅田町（かんだまち）にまたがるトヨタ自動車九州小倉工場の警備員から、同工場の変電所設備が破壊されていると通報があった。警察官が駆けつけると県道沿いの敷地内に設置された変電所の計器盤が損傷し、数メートル離れた地面が深さ約十センチ、直径約六十センチのすり鉢状にえぐれていた。手榴弾爆発で生じた漏斗状痕と呼ばれる痕跡だ。前日午前一時五十五分ごろ、警備員が地響きのような震動を感じたが、何者かがフェンスの乗り越えると作動するセンサーは反応しなかったため、そのままにしていたようだ。鑑識活動の結果、手榴弾のピンも発見し、米国製破片型手榴弾と判明した。

日本のトップ企業に対する襲撃事件は、中央経済界にも衝撃を与えた。北九州市に進出を計画していた大手企業数社がこの事件を機に計画を断念したと聞いている。この事件は未だ検挙に至っていないが、当時、同工場の建設工事を請負っていた清水建設に対する嫌がらせと思われる。それをやるのは工藤會以外あり得ない。

篠崎一雄殺害の現場

私が工藤會対策を離れた平成十九年三月以降も、工藤會による襲撃事件は続いていた。それ以前からも工藤會の意に沿わない市民や事業者は次々と工藤會の卑劣な暴力にさらされてきた。ただ、七月三十日、福岡地区の糟屋郡須恵町で、元工藤會組長が射殺される事件が発生した。このころから、工藤會による組織的暴力の最後の箍（たが）が外れたような気がする。殺害されたのは元工藤會篠崎組長・篠崎一雄（当時66

歳）だ。篠崎組長はその二年前に工藤會を除籍となっていた。事件の背景には、この平成二十年七月一日、工藤會に絶大なる影響力を持っていた工藤會総裁・溝下秀男が病死したことがあったと思う。

溝下総裁は平成十八年二月、総裁を辞し名誉顧問を名乗った。工藤會の運営を完全に野村会長と田上理事長に任せるという意思表示だ。その背景には、溝下総裁の有力子分で長期間服役していた今田雄二幹部が出所したことがあったと思われる。今田幹部は、工藤會と草野一家が一本化する前、溝下総裁が草野一家若頭当時、溝下総裁と対立した草野一家本部長・上原且久を射殺し長期間服役した。今田幹部と共に事件を敢行した幹部二人は既に出所し、工藤會執行部入りを果たしていた。恐らく当時、野村総裁との間で、今田幹部の今後の昇格等について黙約があったのではないだろうか。

野村総裁にとって溝下元総裁は、本来は親の敵だ。野村総裁は三代目田中組長、四代目田中組長は現在の五代目工藤會・田上不美夫会長、ナンバー3の菊地敬吾理事長が五代目田中組長だ。そして工藤會と草野一家の抗争中、初代田中組長を殺害したのはほかでもない、溝下総裁率いる極政会の組員だった。だが、野村総裁も田上会長も、自分らの親分となった溝下総裁に対し絶対忠誠を示し続けていた。だが、溝下総裁の死後、溝下総裁と関わりの深い者たちへ、野村工藤會による粛正が開始された。篠崎元組長は、溝下総裁とも親しく、除籍の身ながら溝下総裁の葬儀に出席した。その時、野村総裁に対し無礼な行為があったという。除籍になった理由に、以前からの野村総裁らとの不仲もあったようだ。

八月に入ると、服役中だった二代目極政組・江藤允政組長に対し、工藤會側の弁護士が面会し、溝下御大の遺言として江藤組長の引退を命じた。親分である溝下御大の「意志」には逆らえない。江藤組長は獄中で二代目極政組長を引退し、三代目極政組長は今田雄二幹部が継承した。今田組長はその後、工藤會執行部入りし、組織委員長となったが、平成二十六年九月の野村総裁ら逮捕後その席を退き、その後、極政組組長も引退している。

二代目極政組・江藤允政組長

江藤組長への引退勧告の一週間後、北九州市八幡西区で、かつて溝下総裁の秘書を務めていた工藤會末松組・末松勝巳組長の自宅に銃弾が撃ち込まれた。身の危険を感じたのだろう、末松組長は同日、自ら傷害事件を起こしたと八幡西警察署に「自首」し逮捕された。

その数日後には、溝下総裁と昵懇だったA組組長の妻が白昼、駐車場で男からバットのようなもので殴られ負傷した。A組長は既に死亡していた。平成三十年、県警は指示者である工藤會田中組幹部らを検挙した。草野一家時代からの大幹部だったA組長や溝下総裁の忠実な部下だった江藤組長、末松組長に対し、工藤會の本流である野村総裁らは強い不満を抱えていたはずだ。それが一連の粛正の原因だと思う。そして工藤會を追放された江藤元組長は、平成二十四年七月、当時住んでいた福岡地区の筑紫野市の自宅マンション入り口で射殺された。この事件も未検挙だが、工藤會の犯行以外はあり得ない。

工藤會対策課の誕生

平成二十年九月のトヨタ自動車九州の事件後、工藤會対策を含め福岡県警の暴力団対策の更なる見直しが行なわれた。そして、それに福岡県や北九州市など行政も加わった。それは全国唯一の暴力団対策部の新設と、当時、全国初となった総合的暴力団排除条例の制定だ。特に暴力団排除条例は、その有効性に気付いた当時の警察庁・安藤隆春長官の指導もあり全国に広がっていった。工藤會は全国暴力団に打撃を与える引き金を引いたのだ。

同年十一月、刑事部に暴力団対策を検討するプロジェクトチームが結成された。私はわずか八か月で鑑識課長の職を解かれ、刑事部参事官という肩書きでプロジェクトを担当した。また後日、捜査第二課長を長とする、暴力団排除条例を検討するプロジェクトチームも立ち上げられた。

平成二十一年四月一日、捜査第四課内に北九州地区暴力団特別捜査室が設置され、私は刑事部参事官としてこの特別捜査室を担当することになった。特別捜査室は私の直属の部下にあたる室長以下約百三十名、残りの捜査第四課本室の態勢をはるかに上回っていた。県警は刑事部から組織犯罪対策部門を切り離し暴力団対策部を新設し、さらには捜査第四課を工藤會を主に担当する課とそれ以外を担当する課の二つに分けることにした。ただ、組織の改編には条例改正が必要なので、取り敢えず特別捜査室という形でスタートさせたのだ。実質、「工藤會対策課」の誕生である。

安倍元総理の来訪

特別捜査室の発足準備を進めていた平成二十一年三月九日の夕方、工藤會対策の現地本部長である北九州市警察部長室を、安倍晋三元総理が激励のため訪問された。その三日前に行なわれた県警春の異動で、Y小倉北署長が新市警部長に就任していた。Y部長は暴対部設置に伴い初代の暴対部長を兼務した。

安倍元総理は工藤會による襲撃事件の被害者のお一人だ。平成十一年四月に行なわれた山口県下関市長選挙は激戦となったが、当時、安倍元総理の陣営が応援した市長候補が当選した。この選挙では二人の候補者双方に対し多数の誹謗文書が飛び交ったという。この当選した市長を勝手連的に応援したと称する土地開発会社会長Kという男が、選挙後、安倍元総理の地元秘書に対し、市長選挙の成功報酬名目で金銭を要求した。地元秘書とは以前から顔見知りだった。市長選挙に勝利したのは、Kが相手候補者に誹謗文書を大量にばらまいたり、右翼を使って妨害したからだというのだ。

実際にはその後の捜査で、実際にばらまかれた文書はわずかだったことが判明した。右翼の活動も確認できなかった。

地元秘書は結局、Kの執拗な要求に屈し、絵画購入名目で数百万円を支払ったが、Kはさらに金を要求し続けた。だが、それを知った後援会筆頭秘書は、山口県警に被害届を行った。平成十一年八月、Kは別件の借金取り立てに絡む傷害事件で山口県警に逮捕され起訴された。同年九月、地元秘書に対する恐喝容疑で山口県警に逮捕された。この恐喝については起訴猶予となった。保釈となったKは、以前から知り合いの工藤會T組長を巻き込んだ。T組長とは刑務所仲間だったと記憶している。Tは溝下元総裁が率いた極政会系の組長だ。KはT組長に対し、あたかも安倍元総理ご自身から選挙妨害の依頼を受けたかのように嘘をついた。そして「この話は一億円にはなる」などと何度も安倍元総理側への報復を依頼した。

私が捜査四課管理官となった前年の平成十四年八月、T組長は組員を指揮して、大衆劇団花形役者の退団に伴うトラブルから千葉県下の役者親族方に放火、銃撃事件を行い、福岡県警から逮捕され公判中だった。遠く離れた千葉県内で銃撃事件を引き起こすなど暴力的なT組だが、T組長は金儲けはあまり得意ではなかったようだ。結局、T組長は金欲しさから配下組員らに、平成十二年六月以降、下関市内の宴会場、さらには安倍元総理のご自宅車庫や後援会事務所などに火炎瓶を投げ込み放火する事件を起こさせたのだった。ご自宅車庫は全焼し、車三台が全半焼した。だが、一億円はおろか一円の金も得ることはできなかった。

その事件捜査を検挙したのが平成十六年にF組関係の銃撃事件で活躍したT班だった。

千葉県の事件検挙後もT班捜査員は、T組やこの事件関係者の多くと協力関係を維持していた。それら複数の協力者の情報から、T組長らが安倍元総理宅等の火炎瓶事件を敢行したことが判明したのだ。

この放火事件については、地元の山口県警も積極的な捜査を行い、Kの関係先に対する捜索も行っていた。ただ、その実行部隊はすべて北九州のT組関係者だった。福岡県警は山口県警と合同捜査を行うこととし、山口県警は班長以下捜査員を長期間、北九州市に派遣してくれた。

平成十五年十一月、傷害事件が確定し服役中のK（当時65歳）、千葉事件で拘留中のT組長（当時53歳）、実行犯のT組幹部ら多数を検挙し、T組長、K、実行犯のT組幹部らはいずれも有罪が確定し服役した。Kは懲役十三年、Tは懲役二十年だった。

なお、数年前出所したKは、下関市長選挙やKに対する金の支払いに関して、一部のジャーナリストに、あたかも安倍元総理ご自身の関与があったかのように話しているようだ。それを受けあるジャーナリストが、Kが「証拠」として差し出した怪文書をネットで公開していた。その文書自体については記憶がなかったが、文面からKの元部下が作成したものだとわかった。結論を言うと、怪文書はK側の一方的な言い分にすぎない。Kの主張が真実なら、捜査段階さらには公判でそれを堂々と主張すればよかったのだ。当時の捜査に直接関わった者として、市長選挙「妨害」にも、その後のKと地元秘書とのやりとりにも安倍元総理が関与したという状況は認められない。安倍元総理がKのことを知ったのは、筆頭秘書から報告を受けてからだ。

Kの主張については、国会で某野党議員が質問で取り上げたが、尻切れトンボで終っていた。

安倍元総理は、事件を担当したT班長がこの月一杯で定年退職することを聞きつけ、ひと言お礼を言いに来られたのだ。当時の捜査四課管理官として私も同席した。少し元気がないようにお見受けしたが、T班長らのため、自ら来ていただいたことは素直に嬉しかった。

全国初の総合的暴力団排除条例

平成二十二年一月、条例改正により福岡県警刑事部から組織犯罪対策部門が独立し、暴力団対策部が生まれた。独立の組織犯罪対策部門を持つのは他に警視庁だけだ。

この時、暴力団捜査を担当していた捜査第四課が二つに分かれ、主に工藤會を担当する北九州地区暴力団犯罪捜査課（北暴課）と、それ以外を担当する暴力団犯罪捜査課（暴捜課）が発足した。態勢的にも北暴課は暴捜課を上回っていた。私は北暴課長を命ぜられた。そして、平成二十三年三月、私は暴力団対策部副部長兼北九州地区暴力団総合対策現地本部長を命ぜられ、平成二十五年三月まで引き続き工藤會対策を担当することとなった。

そして、この平成二十二年四月一日、総合的なものとしては全国初となる福岡県暴力団排除条例（暴排条例）が施行された。一部のジャーナリストは、あたかも警察庁主導で暴排条例が制定されたかのように主張しているが、少なくとも福岡県暴排条例は福岡県独自の判断で制定したものだ。工藤會や道仁会、太州会が事業者や市民に対する襲撃事件を繰り返すとともに、道仁会と九州誠道会は激しい抗争を繰り広げていた。この状況を受け、福岡県の麻生渡知事（当時）や北橋健治北九州市長、福岡市長そして福岡県公安委員会は、政府や国家公安委員会に対し、度々法律改正を含む抜本的な暴力団対策の見直しを要望していた。だが、新たな法律を制定したり、法に新たな規制を設けるということは容易ではない。

福岡県警では、当初、工藤會対策課を含めた組織犯罪対策部の新設等の組織改正のみを

暴力団対策の見直しを訴えた北橋健治北九州市長

検討していた。これについて、当時の田村正博本部長が知事に説明に行くと、知事の全面的賛同を得ることができた。ただ、この時、知事から強い要望があったのが暴排条例の制定なのだ。

田村元本部長が公開した資料にも書かれているが、知事は、暴力団取締りのための現行法の不備を指摘された。法の不備自体は条例での対応は困難だが、条例として対応可能なこともあるはずだ。知事の強い要望を受け、当時の捜査第二課長を長とするプロジェクトが立ち上がり、警察庁等とも検討を進めできあがったのが福岡県暴力団排除条例なのだ。

暴排条例は、暴力団対策法よりも更に一歩踏み込み、その第三条で「暴力団が社会に悪影響を与える存在であることを認識し」「暴力団の利用、暴力団への協力及び暴力団との交際をしないことを基本」とすることが定められた。暴力団は「悪」であることを明確に規定したのだ。そのうえで県民や事業者が暴力団等に利益を供与したり、暴力団の威力を利用すること、暴力団員等がその利益を受けること等を禁止した。

警察に対しては、市民等に対し必要な保護措置を講ずることを規定した。中学生、高校生等に対し、暴力団への加入や暴力団による犯罪被害を防止するための教育等の措置を行うこととされた。これを受け、平成二十三年から福岡県警では高校生、中学生対象に教員資格を有する職員による「暴力団排除教室」を実施している。平成十八年、現地本部時代に制作し、工藤會の抗議によりお蔵入りしていた暴追ビデオ『許されざる者』も条例施行にともない県内ビデオショップに無料配布した。そして、暴排教室の教養資料の一つとして活用してもらった。

工藤會による襲撃事件等により、福岡県警は暴力団対策に総力を挙げた。そして、福岡県や北九州市などの行政が全面的に暴力団排除に取り組んでくれるようになったのだ。さらに市民、事業者の皆さんが加わることとなった。それが工藤會をはじめとする福岡県内の暴力団の活動に影響を与えていった。暴力団事件検挙のように、明確な成果は見えにくい。だが、徐々に積み重なっていった暴力団排除が現在の福岡県につながったと感じている。市民対工藤會、その転機が工藤會による新規事務所開設だった。そして工藤會は「テロ集団」としての性格をより強めていった。

四代目工藤會長野会館

暴排条例施行直前の平成二十二年三月五日、北九州市小倉南区上貫（かみぬき）地区にある豪邸の門扉に『四代目工藤會長野会館』と黒々と書かれた看板が掲示された。長野は付近の地名だ。以下、この建物を「長野会館」と呼ぶ。上貫地区は九州百名山の一つ貫山の北側麓に位置し、北にはゴルフ場、市立文化記念公園の緑地が広がるのどかな地区だ。この年の一月、工藤會・野村悟会長（当時）が、親交のあった元会社社長から購入した事実は把握済みだったが、その目的は不明だった。

福岡県内では、昭和六十一年十二月に発生した道仁会と山口組伊豆組との抗争事件以降、暴力団事務所の看板は次々と証拠品として差し押さえていった。そして平成四年に施行された暴力団対策法では、暴力団事務所外周や外部から見通せる状態で、指定暴力団であることを示す文字や図形を掲示すること等が禁止された。図形とは「代紋」と呼ばれる暴力団のシンボルマークなどだ。工藤會本部も、事務所敷地内の本部入口にローマ字で「ＫＵ

ＤＯＵＫＡＩＫＡＮ」と浮き彫りの金属プレートを掲示しているだけだった。そして工藤會傘下組織で団体名や組織名を掲示したところは一つもなかった。

市道を挟み、長野会館の目の前は私立の幼稚園で、近くには市立貫小学校があった。長野会館前の市道が通学路で、全校生徒約五百五十人の三分の二が長野会館前を通学していた。しかも、歩道は長野会館側にしかなかった。

福岡県暴排条例では、幼稚園、学校等から二百メートル以内に新たに暴力団事務所を設置することは禁止されている。だが、その効果は条例施行前には及ばない。三月十日、看板に驚いた付近住民代表や小倉南区自治総連合会関係者が集まり、小倉南警察署、小倉南区役所の担当者も参加し対応を協議した。その結果、工藤會新事務所の撤去を求めていくことが決定された。また住民の意思を工藤會側に示すため、三月十二日と十八日に長野会館に向けて暴追パレードを行い、三月三十日には暴力団排除総決起大会を開催することとした。

看板設置から一週間後、三月十二日は金曜日だった。市立貫小学校横の市民センター駐車場には、平日の昼間にもかかわらず、市民ら約五百十人が集まった。工藤會は、看板掲示後、何の必要もない「当番員」を入れていた。また当日、多数の暴力団員を長野会館に

長野会館の看板には「四代目工藤會長野会館」の文字がある

集めるとの情報を入手していた。市民や警察に対する威圧、嫌がらせだろう。

　このしばらく前の二月十八日、小倉北区の工藤會本部事務所に対し、初めて暴追パレードが行われた。ところが参加者が本部事務所前を通りかかると、工藤會側はそれまで閉めていた正門の門扉を開放し、敷地内から黒のスーツ姿の組員らがパレード参加者を威圧し始めたのだ。中には参加者にビデオカメラを向ける者もいた。警戒中の警察官が組員に対し警告を行ったが、最初、彼らは警告に従わなかった。警察官が正門前で人の壁を作り、パレードは続けられたが、正門付近に差し掛かると参加者は押し黙ってしまった。

　この時の反省から三月十二日、県警は第二機動隊を出動させ、私は現場警戒班を担当し、第二機動隊長とともに機動隊指揮官車の台上に登った。既に工藤會の組長クラスの幹部や組員多数が、長野会館に入っていた。パレードが近づいてくると予想どおり、閉めていた玄関シャッター及び車が出入りする通用門の門扉を開放し、黒スーツ姿の約七十人が敷地内に整列した。その最前列には、工藤會執行部I総本部長以下組長連中が勢揃いしていた。少しでも威圧感を減らすつもりか、ほとんどの者は接客業の人がするように両手を腹の前に組んでいた。

工藤會本部事務所前パレードの反省から、県警は工藤會側に対する積極的な対処方針を決定していた。暴力団対策法が改正され、指定暴力団の事務所の使用差止めを求めた者に対し、不安を覚えさせるような方法で妨害したり、そのおそれがある場合、都道府県公安委員会は中止命令を行えるようになっていた。彼らの行為はまさにそれだ。そして中止命令に違反すれば、彼らを現行犯逮捕することができる。パレードが近づいてきたので、私は指揮官車のマイクを使い、I総本部長名指しでパレード参加者に対する威圧行為を止めるよう警告した。

「威圧なんかしてないやないか！」名指しされたI総本部長が指揮官車に駆け寄り、私を見上げながら怒鳴った。「君たちの存在自体が威圧だ。直ちに門を閉めなさい」私は再び警告した。忌々しそうにI総本部長は会館内に戻った。やはり彼らは警告に従わなかった。

パレードは会館の五十メートルほど手前で止まってもらい、住民代表の方が、事務所撤去の要請文を工藤會側に手渡すことにした。会館前には、機動隊員と捜査員で人の壁を作った。これも予想どおり、工藤會側は要請文の受け取りを拒んだ。

当日のパレードの様子

　計画どおり、県警の担当官と小倉南署長が口頭で中止命令を行った。I総本部長らは命令の意味が分かっていないようだった。私は再びマイクを取った。同様の警告を繰り返し、さらには警告に従わない場合、警察は止むを得ず、暴力団対策法違反で全員を検挙する、と警告した。私の警告に合わせ、第二機動隊長が隊員に号令をかけた。県警が本気で逮捕するつもりだと気付いたのだろう。工藤會組員らは慌てて正門のシャッターを下ろし、『四代目工藤會長野会館』の看板が掛かった金属製門扉を閉めた。

市民の勝利

私は、工藤會がこのまま引っ込んでいるわけはないと思っていた。長野会館に対しては、小倉南署員が一時間おきにパトロールを行っていた。翌日午前一時半ごろ、巡回中の小倉南署員が『四代目工藤會長野会館』の看板が撤去されていることを発見した。

県警では上貫地区の自治会関係者方等に対しては重点的にパトロールを行い警戒していた。しかしそれでは不十分だった。三日後の三月十五日午後十一時二十分ごろ、事務所撤去運動に加わっていた小倉南区自治総連合会会長の自宅に銃弾が撃ち込まれた。犯人は道路に面した玄関に向け四発、さらに勝手口から室内に向け二発を撃ち込んだ。銃弾の一部は寝ていたご家族の直近をかすめている。自治総連合会は上貫地区自治会の上部団体だが、地区外の連合会会長は保護対象とはしていなかった。長野会館を巡る新聞報道の一部に、連合会会長のインタビューが載っていた。それが狙われた一因かもしれない。この銃撃事件については、福岡県警による粘り強い捜査の結果、平成二十九年十一月、工藤會瓜田組・瓜田太（うりたふとし）組長ら六名が逮捕、起訴された。瓜田組も田中組系列組織だ。

正直なところ、この事件発生により暴追運動は尻すぼみとなるのではないかと強い不安を感じていた。だが、住民の皆さんは暴力に屈しなかった。当初の計画どおり、発砲事件三日後の三月十八日、前回を上回る約六百五十人が参加し、再び長野会館に向け暴追パレードを行った。前回のような威圧行為を阻止するため、パレードに合わせ県警はある事件に関連し長野会館に対して捜索・検証を行った。立会人以外の組員は全員を排除した。再び平日のパレードだったが、小学生や幼稚園児の父母たちの姿もあった。

この日、警察庁の安藤隆春長官は定例記者会見でこの銃撃事件に触れ、「断じて許されるものではない。取締りを徹底し全容を早期に解明する。保護対策に万全を図る」と表明した。

工藤會瓜田組・瓜田太組長

福岡県警は、小倉南署を中心に、長野会館付近での二十四時間態勢の警戒、住民運動関係者に対する保護対策を強化した。小学校や幼稚園の登下校時には、制服警察官を配置し警戒を続けた。時には署長自らも長野会館前に立った。署長は刑事部門出身で、三月六日に着任したばかりのO署長だった。

署長自ら市民の前に出る、当然と言えば当然のことだが、この時、小倉南署は不祥事が続いていた。三月十二日、まさに第一回暴追パレードの日、小倉南署の巡査部長（当時31歳）が強制わいせつで逮捕された。二十五日には、小倉南署管区機動隊小隊長（当時29歳）と分隊長（当時31歳）が部下へのパワハラで処分を受け公表された。四月七日には、小倉南署とは直接関係ないものの、隣接する小倉北署の巡査部長（当時31歳）が女子中学生に対する児童買春容疑で逮捕された。

私は、小倉南署に常駐していた北暴課特捜班に立ち寄る際には、署長室にも顔を出していた。三月十三日、署員の決裁報告の後、署長室に入った。私にソファを勧めてくれた署長は自ら対面のソファに腰を掛けた。その顔には沈痛な表情が浮かんでいた。署員には見せられない表情だが、顔見知りの私を前に、つい出てしまったのだろう。小倉南署員の不祥事等は、いずれもO署長着任前の問題だった。だが次の瞬間、O署長が口にしたのは、何としても長野会館から工藤會を追い出そう、そのために北暴課長の私にもぜひ協力してもらいたいとの言葉だった。

登下校時の警戒には、学校の先生方や自治会関係者、さらにはガーディアン・エンジェルスなど防犯ボランティアの方々も協力していただいた。

三月二十九日、積極的に長野会館問題に取り組んでいた北橋健治北九州市長に匿名の脅迫状が送りつけられた。同様の内容の手紙は一部報道機関にも送られた。脅迫状には市長周辺に危害を加える旨が書かれていた。だが、市長の決意は揺るがなかった。

三月三十日、当初の予定どおり、暴追パレードが行なわれた。麻生渡知事も急遽参加し、住民代表、市長、県警本部長、小倉南署長らと、長野会館にパレードを行い、事務所早期撤去を訴えた。他の地域からも多くの市民が参加し、約一千八百人が長野会館前をパレードした。

工藤會側はその後も、小学校などにファックスを送りつけたり、看板を次々と取り替えたりしたが、落とし所を探り出したようだった。ある医療法人が購入を検討しているとの情報も聞こえてきた。十月二日、新聞各紙に北九州市内の医療法人が長野会館を購入し、老人ホームを建設しようとしているとの記事が載った。情報どおりだった。翌年二月二十四日、医療法人が正式に長野会館を約一億五千万円で購入したことを発表し、翌日には報道機関に長野会館内を公開した。現在、そこは老人ホームに生まれ変わっている。

約一年が経過していた。福岡県の暴力団対策の大きな転換点だったと思う。何よりも市民が勇気をもって県警や県、北九州市についてきてくれた点が大きい。市民の勝利、工藤會の大きな戦略的失敗だ。当初、住民からは不安の声も聞かれた。報道によると、長野会館前が通学路だった貫小学校では、会館開設直後は四分の一の保護者が、長野会館前を通学させることを恐れ、自動車で送り迎えしたと言う。転居を検討する人もいた。だが、むしろ子供や孫を幼稚園や小学校に通わせている市民から聞こえてきたのは怒りの声だった。小倉南署は長野会館前に仮設警察官詰所を設置し、二十四時間態勢で警戒を行った。当初、不祥事が続いたが、むしろ市民からは徹夜で勤務する警察官に対し激励や時には差し入れが続いた。

当時の安藤隆春警察庁長官は、暴力団対策、中でも山口組、特にその中核となった弘道会対策に力を入れていたが、四月十三日、自ら長野会館視察、北九州市長への激励に福岡に来られた。そして我々捜査員に対しても「日本の暴力団対策の成否は北九州市での捜査にかかっている。まさに日本の暴力団対策の天王山の闘いだ」と訓示した。安藤長官はその後、全国警察に対し、暴排条例の有効性と条例制定を呼びかけた。その結果、平成二十三年十月、東京都と沖縄県を最後に暴排条例は全都道府県で制定されることとなった。

その後も、福岡県知事、北九州市長及び福岡市長は、国家公安委員会や警察庁に対し「暴力団壊滅のための抜本的法的措置に関する要望書」を提出した。それには暴力団対策法の抜本的改正、暴力団等犯罪組織に対する有効な捜査手段の導入、暴力団の所得に関する調査・徴収の徹底、各省庁における許認可事務等における暴力団排除規定の整備等が書かれている。現在もなお通じる内容だ。警察庁は、平成二十四年、暴力団対策法を改正し、特定危険指定暴力団や特定抗争指定暴力団等の規程を整備した。同年六月の改正法国会審議には、北橋健治北九州市長も参考人として出席し、その必要性などを訴えられた。

工藤會対策の戦果

次ページの図「事業者襲撃事件等の発生状況」は、警察庁が平成二十五年以降に公表している全国の「事業者襲撃等事件」の認知件数をグラフにしたものである。事業者襲撃等事件とは、ひと言で言えば暴力団が、その意に沿わない事業者等に対し、殺人、銃撃等の襲撃事件などを行うことだ。もう少し詳しく言うと、暴力団員等が、その意に沿わない活動を行う企業その他の事業者に対して威嚇、報復等を行う目的で、その事業者や従業員、それらの家族等を対象に敢行したと認められる事件のうち、殺人、傷害等の暴力事件、銃器使用、実包送付、爆発物の使用、放火、火炎瓶の使用等の事件をいう。

事業者襲撃事件等の発生状況

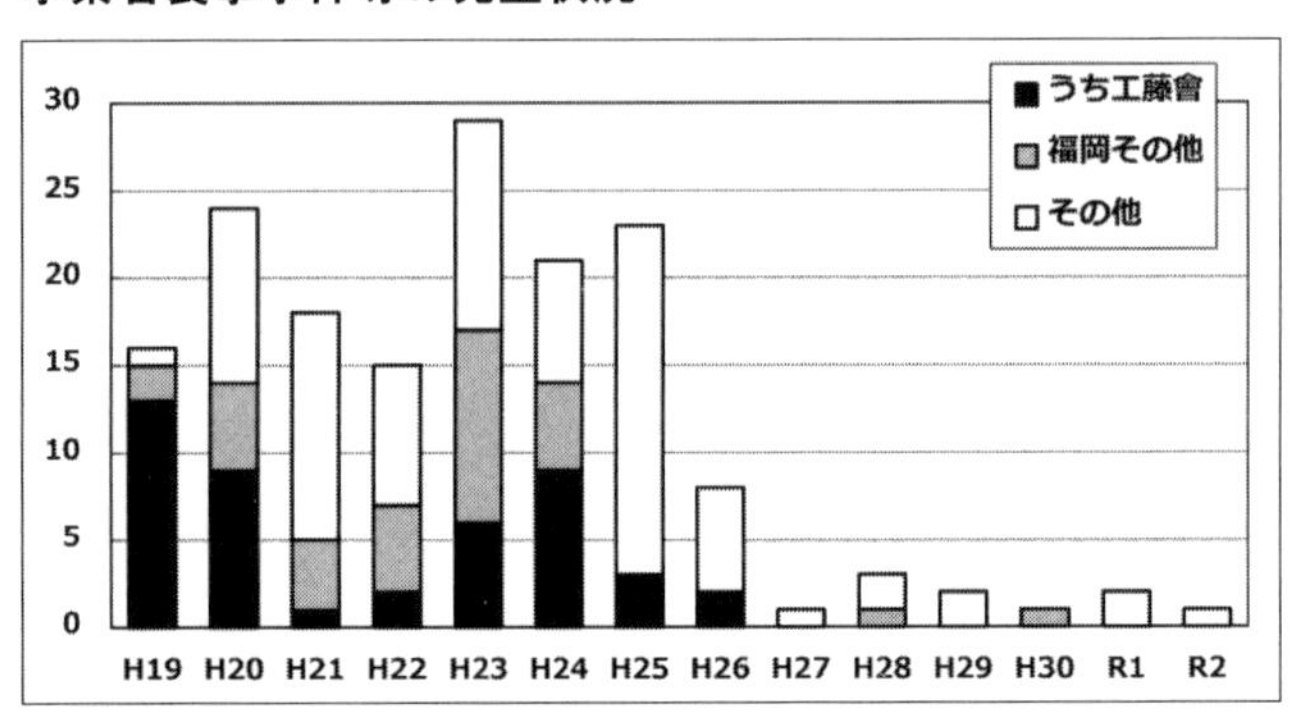

警察庁が公表しているのは全体の件数のみ。工藤會、福岡その他は筆者の判断による。
その他は全件数から工藤會、福岡その他を引いた数。

この事業者襲撃等事件の認知件数について警察庁は、平成二十五年以降、平成十九年分にさかのぼって全国の件数を公表している。図の、「うち工藤會」は、全件数の中で工藤會によるとみられる事件、「福岡その他」は工藤會以外、具体的には太州会、道仁会によるとみられる事件の件数で、いずれも福岡県内発生の分である。その他は全国の数から、この二つの件数を引いた数である。「うち工藤會」、「福岡その他」はあくまでも私の判断によるものであることをお断りしておく。

とは言え、平成二十四年以前、福岡、しかも工藤會によるとみられる事件が多いことがおわかりいただけると思う。それが平成二十五年以降急激に減少している。その最大の理由は、平成二十六年九月十一日以降、工藤會トップの野村悟総裁以下、田上不美夫会長、菊地敬吾理事長以下、工藤會主要幹部や組員らを過去の襲撃事件等で次々と検挙、起訴し社会不在となっていることが挙げられる。さらにはこの工藤會の惨状を他の暴力団がしっかりと学習し、その結果、目立った活動を抑制していることが大きいと思う。

ここで、この「事業者襲撃等事件」について大事な点を押さえておきたい。というのは、この件数はあくまでも暴力団が関与したことが明白な事件に限られているということだ。例えば東京都内では、平成二十一年十月から翌年十月の一年間に、大手ゼネコンの工事現場事務所や不動産会社等への銃撃事件八件が発生している。いずれも未検挙だが、暴力団の関与が不明のようで事業者襲撃等事件又は暴力団による銃撃事件とは見なされていないようだ。

また、平成二十八年、平成三十年の「福岡その他」は各一件となっている。だが、福岡県警が報道発表しているように、平成二十六年以降、筑後地区で二十数件、放火事件や火炎瓶投擲事件が発生している。ただいずれも被害者側から道仁会の関与について具体的な話が出なかったり、道仁会とのトラブルがあっても既に何年も前だったりして、道仁会の犯行と断定ができず、大部分は事業者襲撃等事件に計上されていない。暴力団事件発生状況の統計はどうしても、このように暴力団の関与が不明確なものは除かれてしまう。だが、少なくとも明らかに暴力団の関与が認められる襲撃事件は激減したといってよいだろう。なお、福岡県警は平成三十年十月、筑後地区の道仁会と浪川会を対象とする筑後地区暴力団集中取締本部を設置、取締りを強化した。その後、以前のような放火事件等の発生はない。

この平成二十六年の工藤會総裁らによる一連の摘発をメディアは「工藤會頂上作戦」と呼んだ。間違いなく、それは工藤會対策において一大戦果、一大転換点だったと思う。当時の樋口眞人本部長、それを引き継いだ吉田尚正本部長以下の担当幹部、現場捜査員らの努力による大きな成果に間違いない。

この工藤會頂上作戦については、平成二十五年三月に久留米署長に異動し、地域部長を最後に平成二十八年二月に福岡県警を定年退職した私は当然ながら直接関わっていない。

現在、工藤會は間違いなく弱体化している。その原因の第一はこの「工藤會頂上作戦」の戦果に間違いない。そしてもう一つ、当時強く意識しなかったが、最近になって思い至ったことがある。それは、行政、市民、事業者が明確に工藤會に対しノーを突きつけたからではないか。それらが積み重なって、現在の福岡県、工藤會の現状があるのではないか、ということだ。

工藤會による「テロ」

平成二十一年三月、田村正博本部長に代わり田中法昌本部長が福岡県警察本部長に着任した。そして、同年四月に実質「工藤會対策課」である北九州地区暴力団特別捜査室が発足した。

田中本部長は後に工藤會を「テロ集団」と呼んだ。テロはテロリズムの略称だが、辞書には「政治目的のために、暴力あるいはその脅威に訴える傾向。また、その行為」などと解説されている。まさに工藤會は市民や事業者を屈服させるためにテロ行為を強化させていった。

平成二十二年二月以降、福岡県の有力企業西部ガス、さらには九州電力が狙われた。西部ガスと九州電力が狙われたのは、当時、北九州市若松区に建設された液化天然ガスプラントの利権へ工藤會が介入できなかったためと推測している。関連施設への発砲事件が続き、さらには平成二十三年三月、福岡市内の西部ガス社長宅や九州電力会長宅に手榴弾が投げ込まれた。

トヨタ自動車九州への手榴弾投擲事件後も工藤會の介入を拒み続けた清水建設は、平成二十三年二月、北九州市小倉北区に建設中の総合病院現場事務所で、社員が男から拳銃で撃たれ負傷した。現場事務所内には数か所防犯カメラが設置されており、事務所内の防犯カメラに犯行の一部始終が映っていた。事務所二階に侵入した紺色作業服上下にフルフェイスヘルメット姿の犯人は、まず事務所奥にいた社員に向かって回転式拳銃一発を発射した。さらに二メートルほどに近づくと、驚いて立ち上がり両手を挙げホールドアップした被害者を狙って一発発射した。弾は被害者の腹部に当たった。机の影に倒れ込むように身をかわした被害者に近づき更に一発を発射した後、男は逃走した。

射撃訓練を受けている警察官でも、咄嗟に相手を狙って拳銃を撃つことは相当難しい。このため最近は、近距離での実戦的な射撃訓練を行っている。被害者は比較的軽傷で済んだが、それは男が実践的な射撃に不慣れだったからだろう。男は明らかに被害者を狙って引き金を引いている。工藤會は以前、時々韓国に組員をやって射撃訓練を行っていた。だが、その程度では射撃は上達しない。訓練を積んだ警察官なら、この距離なら確実に相手に命中させている。おそらく犯人は「がく引き」をしたのだろう。がく引きとは引き金を強く引きすぎ、発射時に銃口が下を向いてしまうことを言う。警察官の訓練でも時に見かける。下を向いた銃口から発射された銃弾は、机の上にあった分厚い書類の束を突き抜け、被害者の腹部に命中した。三十八口径以下の銃弾の場合、分厚い電話帳なら途中で弾が止まってしまう。この事件では幸い、書類の束が弾の威力を削いだのだ。平成二十九年九月、福岡県警はこの事件の実行犯として工藤會田中組若頭・田口義高を検挙し、田口は公判中である。

平成二十三年十一月にはついに市民が工藤會から殺害される事件が発生した。十一月二十六日、北九州市小倉北区で建設会社会長・内納敏博氏（当時72歳）が工藤會幹部・中西正雄らから射殺された。しかも婦人と車で帰宅した直後、婦人の眼の前での犯行だった。これは北九州地区の建設業界に影響力を持っていた内納氏が工藤會の不当要求を断り続けたためだ。その後の福岡県警の捜査により、平成二十九年一月、中西らは検挙され公判中である。

特に平成二十四年、次のように工藤會はさらに市民、元警察官、さらには女性たちに次々と卑劣な暴力を繰り返していった。

①中間市における建設会社社長に対する殺人未遂事件

一月十七日午前五時三十分ごろ、中間市の建設会社社長（当時52歳）が会社事務所前で工藤會幹部に拳銃で撃たれ重傷を負う。

※平成二十四年十二月六日　工藤會極政組幹部ら二名を逮捕。平成二十七年六月二十九日　福岡高裁で両名とも無罪が確定

②北九州市小倉南区の路上における福岡県警元警部に対する殺人未遂事件

四月十九日午前七時ごろ、北九州市小倉南区の路上で、通勤途中の元北暴課班長（当時61歳）が工藤會幹部に拳銃で撃たれ重傷を負う。

※平成二十七年七月六日　工藤會総裁・野村悟、工藤會会長・田上不美夫らを逮捕

いずれも許しがたい事件であるが、特に卑劣極まりない事件が同年八月以降に続いた。

福岡県は暴力団排除条例を改正し、平成二十四年八月一日、福岡県内繁華街における風俗店・飲食店等に対する暴力団排除標章制度がスタートした。福岡市博多区中洲や北九州

市小倉北区、八幡西区等の暴力団排除特別強化地域内で、「暴力団員立入禁止」という標章（ステッカー）を掲示したスナックやクラブ、パチンコ店等への暴力団員の立ち入りが禁止されたのだ。

工藤會が本拠とする北九州市小倉北区と八幡西区の繁華街でも、八〇パーセント以上の店がこの標章を掲示した。これらの店の大部分は条例施行前に店舗入口等にこの標章を掲示してくれた。

予想どおり、工藤會は掲示店舗のチェックを始めた。堺町対策隊員らが彼らを職務質問したが、単に見て回っているだけでは中止させることもできない。この動きを見て、私は「工藤會が必ず何かをやる」と強く感じていた。四月に発生した元警部に対する殺人未遂事件を受け、県警は他府県から機動隊員の応援を受けていた。所轄警察署員はもちろん、機動警察隊に加え、この応援機動隊員は全て小倉北区と八幡西区の繁華街警戒に投入した。だが、防ぐこと

「暴力団員立入禁止」のステッカー

はできなかった。次のように、まず標章掲示店舗入居ビル等に対する放火、更には女性経営者等に対する殺人未遂事件、連続脅迫事件と続いた。

③北九州市八幡西区の標章掲示店舗入居ビルに対する放火事件

八月一日午前三時四十分ごろ、北九州市八幡西区の標章掲示店舗入居ビルのエレベーターに男が放火し、エレベーター等を損傷した。

④北九州市小倉北区の標章掲示店舗入居ビルに対する連続放火事件

八月十四日午前四時三十分以降、北九州市小倉北区の繁華街で、工藤會幹部らが標章掲示店舗入居ビルに連続して放火した。

※平成二十六年十一月二五日　工藤會理事長・菊地敬吾、田中組若頭・田口義高らを逮捕

⑤北九州市八幡西区の標章掲示スナック前路上における女性経営者に対する殺人未遂事件

八月三十日午前二時十分ごろ、北九州市八幡西区の標章掲示スナック前路上で、店から出て来た女性経営者（当時44歳）に対し、男が刃物で左顔面に切りつけ、更に背部を刃物

で突き刺し重傷を負わせた。

⑥北九州市小倉北区マンションにおける女性飲食店経営者に対する殺人未遂事件

九月一日午前一時三十分ごろ、小倉北区の繁華街で飲食店を経営する女性経営者（当時55歳）がマンション自室に帰宅し入口の鍵を開けようとしたところ、男が刃物で女性の顔面、腹部を切りつけ重傷を負わせた。

⑦北九州市小倉北区のマンション入口における標章掲示スナック女性経営者等に対する組織的殺人未遂

九月七日午前一時ごろ、北九州市小倉北区のマンション入口付近で、帰宅した標章掲示スナックの女性経営者（当時35歳）がタクシーを降車したところ、工藤會幹部が刃物で女性の顔面を切りつけ、さらに腰付近を刺して殺害しようとしたが未遂に終わったもの。同幹部はこれを制止しようとしたタクシー運転手（当時40歳）の首などを刺し重傷を負わせた。

※平成二十九年六月二日　工藤會理事長・菊地敬吾、田中組若頭・田口義高らを逮捕

⑧北九州市小倉北区及び八幡西区における標章掲示店舗に対する連続脅迫事件

九月十日午後九時ごろから翌日午前〇時すぎごろまでの間、北九州市小倉北区及び八幡西区の標章掲示店舗多数に男が「標章外せ」「帰り道気をつけろよ」「今日はお前の番」等と電話で脅迫したもの。

⑨北九州市八幡西区の路上における不動産会社経営者に対する殺人未遂事件

九月十三日午後七時ごろ、北九州市八幡西区の路上において、バイクの男が信号停車した不動産会社経営者の車両助手席窓を割り、助手席に乗車していた同経営者（当時72歳）の左肩、左胸部等を刃物で切りつけ重傷を負わせた。

⑩北九州市小倉北区のマンション入口における標章掲示クラブ役員に対する組織的殺人未遂事件

九月二十六日午前〇時四〇分ごろ、北九州市小倉北区のマンション入口で、工藤會幹部が帰宅した標章掲示クラブ役員（当時54歳）の腰など刃物で刺し重傷を負わせた。

※平成二十八年六月三日　田中組若頭・田口義高らを逮捕、平成三十年四月十三日、工藤會理事長・菊地敬吾らを逮捕

⑪北九州市小倉北区における飲食店経営者等に対する連続脅迫事件

九月二十八日午後一〇時ごろ、北九州市小倉北区の⑩で起きた事件のクラブ役員が所有するビルに入居していた飲食店十数軒の経営者等に工藤會幹部が電話で脅迫したもの。
※平成二十七年五月二十二日　田中組幹部を逮捕。証拠不十分で不起訴

⑨の事件は暴力団排除標章制度とは無関係だが、やはり工藤會傘下組織の犯行と考えている。⑨を除く③から⑪の事件は、いずれも標章掲示に関係するか、工藤會の関与が強く疑われた。

①の中間市における建設会社社長に対する事件は唯一、在任中に検挙できたが、一審の福岡地裁小倉支部、二審の福岡高裁とも無罪判決が下され、確定した。

つまり、①から⑪の事件で、私が在任中にまともに解決できた事件はただの一件もないのだ。①の事件については未練がましいが、「無実」と「無罪」は違うことを強調した

い。「合理的疑いを差し挟む余地のない程度」の証明ができなければ、限りなく灰色に近くても「無罪」判決を下すのが裁判官の務めだ。とは言え、「無能」と呼ばれても仕方ない。だが、「無能」を認めても何の解決にもつながらない。

一連の襲撃事件に対し、現場捜査員、現場幹部は持てる限りの力を注いで全力で捜査した。次々と発生する事件に追われ、特捜班長、特捜管理官のみが取り敢えず現場に向かい、既に捜査中の捜査員を引き抜いて捜査を継続ということもざらだった。捜査員のみならず、北暴課や所轄警察署幹部も疲労困ぱいし、精神的にも限界に近かった。

だが彼らはそれにもめげず、やるべき現場捜査、付近聞き込み、工藤會側からの情報収集、各種資料の分析等を着実に行っていった。その結果、当時、直ちに検挙には至らなかったが、平成二十五年三月、暴対部副部長の私や北暴課長が転勤となった時点で、大半の事件については実行犯あるいは実行グループを特定していた。何よりも、後に続いた捜査幹部、捜査員らがそれを事件検挙に結びつけてくれた。

「無能」と呼ばれても構わない。だが、精神主義だけでは決して勝つことはできない。「情報が取れないから検挙できない」のではないことはここまで述べてきたつもりだ。直ちに結果を出せなかったこと、何よりも被害を防げなかったこと、市民を守れなかったこと、その責任を忘れたことはない。これからも同様だ。なぜ防げなかったのか、どうしたら防げたのか。そして、暴力団やその他の組織犯罪に対し、どうすれば対応可能なのか、当時もその後もずっと考え続けてきた。それについては章を改め、私の意見を述べたい。

第七章　工藤會頂上作戦

工藤會トップの逮捕

平成二十六年九月十一日、午前六時四五分、北九州市小倉北区熊谷町、多数の報道陣が見守る中、百名近い県警捜査員が工藤會トップ・野村悟総裁の自宅に入った。午前七時過ぎ、県警の捜査車両内で野村総裁は通常逮捕された。容疑は平成十年二月に発生した元漁協組合長梶原國弘氏殺害だ。同じ頃、北九州市戸畑区の工藤會ナンバー2・田上不美夫会長宅にも捜査員が入ったが、田上会長はいなかった。二日後、田上会長は福岡県警・髙橋修班長に電話し、任意同行後、小倉北警察署で逮捕された。

報道機関が「頂上作戦」と呼んだ工藤會最高幹部らに対する一連の取締りが始まった。九月三十日には、工藤會ナンバー3・菊地敬吾理事長が、女性看護師に対する組織的殺人未遂事件で逮捕された。この事件では、翌十月一日、野村総裁、田上会長も逮捕された。

一連の頂上作戦では、この工藤會トップ3以外にも、工藤會の主要幹部ら多数が検挙されているが、このトップ3が直接検挙された事件は次のとおりである。

野村悟総裁宅へ入っていく捜査員たち

（A）平成二十六年　九月十一日　元漁協組合長に対する殺人事件検挙

平成十年二月、北九州市小倉北区の繁華街路上で、元漁協組合長梶原國弘氏（当時70歳）が、工藤會幹部らにより拳銃で撃たれ殺害される（梶原事件）。

※九月十一日、野村総裁を逮捕。九月十三日、田上会長を逮捕

（B）十月一日　女性看護師に対する組織的殺人未遂事件検挙

平成二十五年一月、福岡市博多区の路上で帰宅中の女性看護師（当時45歳）が、工藤會幹部により頭や胸など刃物で数回刺され重傷を負う。

※九月三十日、菊地理事長を逮捕。十月一日、

野村総裁と田上会長を逮捕。他に田中組系瓜田組・瓜田太組長、田中組・田口義高若頭らを逮捕

（C）平成二十七年　五月二十二日　歯科医師に対する組織的殺人未遂事件検挙

平成二十六年五月、北九州市小倉北区の駐車場で、梶原國弘氏親族（孫）の男性歯科医師（当時29歳）が、工藤會幹部に脇腹や左足など刃物で数回刺され重傷を負う。

※五月二十二日、野村総裁、田上会長、菊地理事長、瓜田組長らを逮捕

（D）六月十六日　工藤會総裁らによる所得税法違反事件検挙

平成二十二年から平成二十五年の四年間における野村総裁の所得約二億二七〇〇万円に対する所得税約八八〇〇万円を脱税したもの。

※六月十六日、野村総裁、工藤會総務委員長・山中政吉組長らを逮捕

（E）七月六日　元警部に対する組織的殺人未遂事件検挙

平成二十四年四月、北九州市小倉南区の路上で、通勤途中の元福岡県警部（当時61歳）

が、工藤會幹部から拳銃で撃たれ重傷を負う。
※七月六日、野村総裁と田上会長、菊地理事長、瓜田組長、田口若頭らを逮捕

（F）七月九日　工藤會総裁らによる所得税法違反事件検挙

平成二十六年における野村総裁の所得約二億円に対する所得税約七二〇〇万円を脱税したもの。
※七月九日、野村総裁、山中組長及び山中組長の妻を逮捕

（G）十一月二十五日　暴力団排除標章掲示店舗入居ビルに対する放火事件検挙

平成二十四年八月、北九州市小倉北区の繁華街で、工藤會幹部らが暴力団排除標章を掲示した飲食店等が入居するビルに放火したもの。
※十一月二十五日、菊地理事長、田口若頭らを逮捕

（H）平成二十八年　六月三日　暴力団排除標章掲示クラブ役員に対する組織的殺人未遂検挙

平成二十四年九月、北九州市小倉北区の路上で、暴力団排除標章を掲示していたクラブ男性役員（当時54歳）が、工藤會幹部により腰など刃物で数回刺され重傷を負う。
※平成二十八年六月三日、田口若頭らを逮捕、平成三十年四月十三日、菊地理事長らを逮捕

（ｌ）平成二十九年六月二日　暴力団排除標章掲示スナック女性経営者に対する組織的殺人未遂検挙

平成二十四年九月、北九州市小倉北区のマンション入り口付近で、暴力団排除標章を掲示していたスナック女性経営者（当時35歳）が、工藤會幹部により顔など刃物で数回刺され重傷を負う。マンションまで女性を乗せ、女性を助けようとしたタクシー運転手（当時40歳）も、首などを刺され重傷を負う。
※六月二日、菊地理事長、田口若頭らを逮捕

このほか、菊地理事長以上の検挙には至っていないが、平成二十三年十一月に発生した建設会社会長・内納敏博氏殺害事件、平成二十三年二月に発生した清水建設社員に対する

殺人未遂事件、そして平成二十二年三月の小倉南区自治総連合会長等に対する殺人未遂事件で、瓜田組長や田口若頭らを検挙し、いずれも公判中である。

この頂上作戦が開始された当時、私は久留米警察署長を務めていた。検挙着手前には一部報道機関の記者が、この一連の捜査に関し、私に対し取材してくることもあった。「私は久留米署長であって、現在の工藤會捜査状況については知りませんし、お話しする立場にもありません」私の答えはいつも同じだった。工藤會対策を外れた以上、工藤會捜査の担当者などに捜査状況を聞くなどの越権行為はしないと決めていた。ただ、記者たちの様子から、県警は野村総裁以下の主要幹部の検挙を目指していることは感じていた。

だから、最初の着手事件が（A）の梶原事件だったことには正直驚いた。

この事件に対しては、私も捜査四課管理官当時、地裁段階の補充捜査に関わっていた。その段階で新たな証拠も獲得していた。この梶原事件の実行犯は工藤會中村（数）組長・中村数年、見届け役は同じく工藤會古口組長・古口信一だった。もう一人、中村に事件前日、犯行用の拳銃を届けてきた男がいる。私が捜査四課勤務となった前年の平成十四年、その容疑で工藤會田中組幹部・Nを検挙し、事件の指示者として田上不美夫会長（当時、田上組組長）も検挙している。

状況的には、田上会長のみならず野村総裁の指示があったのは明白だ。だが、裁判で有罪を獲得するのに必要な「合理的疑いを差し挟む余地のない程度」の証明を得ることはできなかった。田上会長は証拠不十分で不起訴となった。また、Nは私が現地本部統括管理官当時の平成十八年五月の福岡高裁の判決で無罪が確定した。このとき、中村は無期懲役、古口は懲役二十年となった。二人は上告したが平成二十年八月、最高裁は上告を棄却し刑が確定した。なお、Nは平成二十三年に、そして服役中の古口は平成二十四年にそれぞれ病死している。

私が捜査四課管理官当時に獲得できた新たな証拠とは次のとおりだ。梶原事件捜査を担当した特捜班は、その後も事件関係者と良好な関係を続けていた。やはり人間対人間の関係だ。ある関係者の情報から、事件前日、中村が自宅マンションでNから受け取った拳銃を暴発させていたことが判明した。その部屋は既に全く事件とは無関係の男性が居住していた。担当班は令状を請求し、居住者の立会を得て、その部屋の捜索差押及び検証を実施した。その結果、情報どおり壁面の石膏ボードを取りはずすと補修の跡があり、その下に弾丸一発を発見した。鑑定の結果、事件で使用された拳銃から発射されたものと判明した。

健國会事件判決と脱税

頂上作戦の第一弾が梶原事件だったことについては、そこには戦略的な発想に加え、さらに緻密な捜査の積み重ねがあった。

その一つが、平成二十六年一月十六日の大阪高裁判決である。この事件は、平成十九年五月に、神戸市中央区の路上で、六代目山口組山健組傘下組織の後藤一男総長（当時65歳）が、脇腹などを刺され殺害された事件だ。兵庫県警による捜査の結果、同じく山健組傘下の兼國会（けんこくかい）（現・健國会。以下「健國会」）の複数の傘下組織組長や幹部らが検挙され有罪となった。殺害の原因は、後藤総長が上部組織の山口組・高山清司若頭暗殺を企て、これが発覚し粛正されたなどと言われている。

捜査の結果、平成二十二年四月、事件後、山健組若頭に就任していた健國会会長・井上（山本）國春が指揮者として逮捕、起訴された。検察は、井上が配下組員らに犯行を指示するとともに事件直前、後藤総長の居場所を現場にいた実行犯らに携帯電話で知らせたなどとし、懲役二十五年を求刑した。

平成二十四年二月、神戸地裁は「合理的な疑いが残る」として井上は無罪とされた。検察は控訴し、その結果、大阪高裁は一審判決を破棄し、井上被告に懲役二十年を言い渡した。その理由となったものが、今回の梶原事件再捜査に活用されている。

大阪高裁は、後藤総長殺害に、健國会傘下の複数組織の組長や幹部らが関与していたことに着目した。高裁判決は「(井上)被告が配下や下部組織組員に対する支配力は絶対的であることは経験則上明らか」「本件犯行は、健國会の指揮命令系統に従って組織的準備、遂行された」、そして実行犯らに「個人的な利害や怨恨等があったとは到底考えられない」と判断した。その結果、特段の事情がない限り、後藤総長殺害は健國会トップの井上の指揮命令に基づいて行われたと認められるとした。

今回の梶原事件再捜査では、この大阪高裁判決を参考に、事件の再構築が行われたようだ。梶原事件は、当時工藤連合ナンバー2だった野村悟田中組組長配下の田上若頭、中村組長、古口組長、N、それぞれの配下、親交者による組織的な犯行だった。そしてその原因・動機は、野村組長の不当な要求を被害者やその親族が拒絶し続けていたことだ。

梶原事件ではこれまでも、多くの工藤會関係者が具体的な供述を行い、その裏付けも相当程度行われている。だが、その多くが公判廷では供述を拒否していた。工藤會側の報復を恐れてのことだ。刑事訴訟法で検察官調書は、その供述者が死亡、精神若しくは身体の故障、所在不明若しくは国外にいるため公判期日等において供述できないときなどは、証拠として使用することができる。頂上作戦の時点では、古口やNのほか複数の参考人が病気等で死亡しており、検察官調書が証拠として使用できるようになったのだ。

二つ目は、担当捜査幹部以下で、徹底的な証拠の再吟味と、間接的な証拠、関係者からの再聴取など更に証拠を積み重ねていった。それが、これまでなら手が届かなかった首謀者である野村総裁、田上会長の検挙、起訴につながったのだ。

特に今回の頂上作戦で画期的と言えることに、野村総裁を脱税事件で検挙したことがある。野村総裁は、駐車場経営という「正業」を持ち、駐車場経営により得た資金については、「確定申告」を行っていた。その収入は決して少ない額ではない。また、私が担当していた当時から野村総裁のものと推定された金融機関口座を把握していた。野村総裁は少なからざる金を毎年消費していた。ところが、野村総裁の口座には、毎年のように億単位で金が積み上がっていたのだ。以前から、警察は暴力団対策などで課税通報という取り組みを行ってきた。しかし、それはあくまでも「通報」にすぎない。我が国の税制度では、捜査当局や国税当局が、相手の所得を具体的かつ詳細に立証しなければ脱税として摘発・検挙はできないのだ。

野村総裁の脱税事件では、平成三十年七月、一審の福岡地裁は野村総裁に懲役四年罰金一億円、山中組長に懲役三年六か月の有罪判決を下し、二人は控訴している。一審判決を見ると、所得の一部について、野村総裁に資金を提供したパチンコ店関係者や現金受渡に関与した工藤會幹部、組員らの具体的な供述などが明らかとなっている。おそらく、事件着手段階から、検察、国税当局と緊密な連携を図りながら、捜査側の努力によって、具体的な収入、支出、資産の状況を解明し、複数の関係者の供述を得ることができたのだろう。報道などでは、金庫番だった山中組長の手帳を押収できたのが大きいとも言われている。

野村総裁は（A）の梶原事件検挙後も、女性看護師に対する組織的殺人未遂事件（B）、梶原國弘氏の親族にあたる歯科医師に対する組織的殺人未遂事件（C）、二件の所得税法違反（D、F）で逮捕されている。平成二十七年七月には、元警部に対する殺人未遂事件（E）で再逮捕された。野村総裁はいずれの事件でも起訴された。田上会長も、所得税法違反を除き、野村総裁と同じ事件で逮捕、起訴された。菊地理事長は、その後、歯科医師、元警部、スナック女性経営者に対する組織的殺人未遂事件等で逮捕され、いずれも起訴されている。

本年（令和三年）八月二十四日、野村総裁と田上会長に対し、一審の福岡地裁判決が下された。野村総裁は死刑、田上会長は無期懲役だった。

テロとお礼参り

ここまで述べてきたように、工藤會は多数の市民・事業者に対し卑劣な襲撃事件を加えてきた。読者の多くは「工藤會は特別だ」「なぜ福岡県警は市民を守れなかったのか」とお考えの方もいるだろう。ここで私の考えを改めて述べておきたい。

暴力団の仕返し、報復を「お礼参り」と呼ぶ。私は、これまでも「時にはお礼参りがあります。でも、暴力団を必要以上に恐れないでください」と言いつづけてきた。私が現役当時、直接間接に関わった暴力団に関する事件・相談は数千件に上る。一千七百件まで数えていたが馬鹿馬鹿しくなって数えるのは止めてしまった。その中で、お礼参りがあると考えたのが二十件ほどある。実際、十数件でお礼参りが発生した。暴排担当補佐当時のゴルフ場襲撃事件や工藤會幹部による強要事件被害者に対する傷害事件などがそうだ。だが、お礼参りがないと考えて、お礼参りが発生したものはない。なぜなら暴力団は脅しのプロ、プロは無理はしないからだ。

「お礼参り」という言葉は、少なくとも昭和二十年代後半には登場している。昭和二十八年八月に刑事訴訟法の一部が改正され、保釈要件や保釈取消事由が厳しくなったが、それは暴力団によるお礼参り事案が続発したからだ。当時、暴力団側が被害者や不利な証言をした参考人に対し、「そのお礼に来ました」とお礼名目で嫌がらせをすることが多発したためだ。

お礼参りがまずない、というのには理由がある。暴力団対策法に基づく中止命令が良い例だ。

暴力団対策法施行後、令和二年末までに約五万二千件の中止命令と約二千件の再発防止命令が行われている。これに対し命令違反で検挙されたのは二百三十八件、約〇・四四パーセントにすぎない。中止命令が行われたということは、被害者が警察に既に被害状況を話しているということだ。そして、本来なら恐喝や強要で逮捕されるかもしれないところ、中止命令で済んだということは、被害者側が刑事事件化を望まなかったということだ。もちろん、警察側はできれば刑事事件として検挙したいので、恐喝等で検挙後、証拠不十分等で起訴猶予になった後に中止命令をかけることも多い。この場合、再び同じ事件での立件を警察は諦めたということになる。

実際に中止命令を行った場合、表向きはともかく、ほっとした表情を見せる暴力団員が多い。命令に違反しないかぎり、逮捕、最悪の場合、服役することがないからだ。そして中止命令を受けたということは、自分と被害者との関係がすでに警察に把握されている訳だから、もしお礼参りを行えば、真っ先に疑われるのはその暴力団員ということになる。警察は面子にかけても、お礼参りを行った暴力団員を徹底的に取締る。中止命令に従えばそれで終わりだ。どちらを選ぶか。それが〇・四四パーセントという数字に明確に現れている。

ただ時にはお礼参りがある場合がある。また「テロ集団」と呼ばれた工藤會のようなテロ的事件を繰り返すこともあり得る。経験上、お礼参りがあるのは次の三つの場合だ。

一つは暴力団トップの面子に絡む場合、二つ目は多額の資金が絡んでいる場合、三つ目は被害者側が悪い場合だ。その場合、暴力団側は自らの威力をより強く市民、事業者に印象づけるため、もはやテロとしか言いようのない事件を繰り返すこともある。

トップの面子に絡むものとして、平成十二年に続発した工藤會によるゴルフ場関連の襲撃事件がそうだ。ゴルフ場に絡む事件は山口組関連でも発生している。それも当時のナンバー2が逮捕されている。昭和五十九年十一月、神戸市北区のゴルフ場で、プレーしていた五代目山口組・渡邉芳則組長（当時は四代目若頭）らから、別のグループの男性（当時46歳）が袋叩きにされ重傷を負う事件が発生した。これは渡邉組長が先行グループに二度もボールを打ち込んでしまい、「危ないやないか」とそれを注意した男性を後続グループにいた組幹部らが袋叩きにしたという事件だ。この事件では渡邉組長も執行猶予付きの懲役が確定している。白昼、他の利用者や従業員もいるゴルフ場で、このような犯行が行なわれたのは、渡邉組長らが面子を潰されたと考えたからだろう。山口組関連では、平成十八年三月にも静岡県富士宮市で帰宅したゴルフ場支配人が男に脇腹を刺される殺人未遂事件が発生している。静岡県警が平成二十七年十月、実行犯として山口組後藤組の元幹部らを逮捕したが不起訴となっている。報道によると、被害者は暴力追放活動をしており、後藤組とトラブルがあったとある。

お礼参りがあり得る二つ目は、多額の資金が絡む場合、北九州地区や時に福岡地区で工藤會により繰り返されたゼネコンや建設業者に対する襲撃事件が該当する。

三つ目は、被害者側が悪い場合である。暴力団関係の事件では、被害者も悪いということともたまにある。それまで暴力団を利用し、あるいは自らも違法・不当な利益を得ていた者が裏切った場合などだ。裏切りを許せば、これも暴力団側の面子、存亡に関わることになる。

テロ的事件としては、工藤會のゴルフ場関連事件や暴排標章制度に関わる一連の事件、さらには大型工事の利権に絡む事件などがそうだ。テロ的事件の最大の目標は暴力団の恐ろしさを市民、事業者に知らしめることだ。そして、お礼参りの場合、暴力団側と被害者には特定の関係が存在する。だがテロにはそれは関係ない。そしてテロ的行為は時、場所、手段、対象を自由に選ぶことができる。暴力団の恐怖を知らしめることが最大の目的だから、敢えて警察が警戒を強化している時に、行動を起こす必要は無い。警察力は限られている。襲撃に関する具体的情報でもあればともかく、警戒の結果、何もない状態が続けば、警戒を徐々に縮小し、最終的には警戒を打ち切ることになる。襲撃側はそれを待てばいい。

対象選びについては、暴排標章制度開始にともなって発生した一連の事件がある。まず標章が張られたビルや店舗が狙われた。次に標章掲示店舗付近でその女性経営者が襲撃された。福岡県警は繁華街での警戒をさらに強化した。すると、今度は経営者らが自宅付近で次々と狙われた。

平成十年二月に発生した梶原事件被害者・梶原國弘氏のご家族らがそうだ。梶原氏殺害にも屈しなかったご家族に対し、工藤會は執拗に狙い続けた。その結果、平成二十五年十二月、梶原氏の実弟の漁協組合長・上野忠義氏が何者かに射殺され、平成二十六年五月には梶原氏の孫にあたる歯科医師が工藤會幹部に八か所も刺され重傷を負った。さらには平成二十六年七月には、梶原氏のご長男が経営する港湾工事関連会社の元従業員女性が工藤會組員から刺され重傷を負った。福岡県警はいずれの事件についても、工藤會幹部らを検挙したが、頂上作戦で野村総裁や田上会長らが検挙され長期不在とならなかったら、その後もご家族や従業員に対する襲撃が続いた可能性が高い。

市民、事業者が暴力団の違法・不当要求に従い続ける限り、暴力団は直接暴力に訴える必要などない。だがそれで良いのだろうか。テロを確実に封じ込め得るためには、テロを生じさせるその根を断つしかないと思う。暴力団が存在する限り、彼らの要求を拒み続ければ、暴力団は最後には必ず卑劣な暴力に訴える。

世界最高クラスの諜報・防諜機関を持つ国はイスラエルだと思う。だが、イスラエルと対立するパレスチナ側はロケット弾による無差別攻撃、最近では風船につけた発火装置による無差別攻撃を続けている。これを完全に防ぐことができないイスラエルは空爆等で対抗し、双方に死傷者を生み続けている。イスラエルも完全に自国民を守り切ることはできない。

工藤會に対しては、警察の取締りのみならず、福岡県、北九州市などの行政が立ち上がり、最後は卑劣な暴力に晒されながらも市民、事業者の皆さんが立ち上がった。その結果が現在の工藤會の現状だ。だが、決して油断は禁物だ。暴力団による被害をゼロにする、そのためには、たとえどんなに難しくても暴力団壊滅しかないと思う。

なぜ襲撃事件を検挙できなかったか

特に平成二十四年中、なぜ工藤會による襲撃事件を検挙できなかったのか。今思い返せば、幾つかその原因を挙げることができる。比較的捜査がうまくいった平成十六年の連続発砲事件と比べるとわかりやすいかもしれない。Ｆ組らによる連続発砲事件では、次の点が検挙につながったと思う。

一つは、平成十五年八月に発生したクラブ襲撃事件を受け、県警は工藤會組員に対する徹底的取締りを行い、翌十六年までに組員の半数近くを何らかの事件で検挙した。その中には発砲事件に関わっている者もいた。二つ目は、工藤會担当の班長以下捜査員らが、協力者確保の重要性を認識し、相当数の組員や準構成員を協力者として獲得していた。その結果、その者たちから有力な情報を得ることができた。三つ目は、取調べを担当した捜査員らの粘りと誠意で、多くの被疑者、参考人から真実の供述を得ることができた。また、現場捜査や裏付け捜査も徹底的に行なわれており、それらの供述を裏付けることができた。

では平成二十四年の問題点は何だろうか。

一つは、工藤會組員に対する実態把握、協力者の獲得についてむらがあった点だ。工藤會主流で、一連の襲撃事件に深く関与していた田中組組員らについては、各組員について各種資料や情報の蓄積があった。このため、平成二十四年の事件でも、特に小倉北区、小倉南区で発生した多くは、実行犯や実行グループの特定につながっていった。一方で、北九州市中心部からやや離れた中間市に本拠を置く、工藤會極政組などの組員については、情報も少なくなりがちだった。

それは、所轄警察署が手抜きをしていたわけではない。特遊隊や機動警察隊の活動は、どうしても田中組などが主に活動する小倉北区、小倉南区を中心とならざるを得なかったからだ。北九州市中心部を離れるにつれ組員数も減少し、単にパトカーを多数投入したとしても簡単には組員を見つけ職務質問とはいかなかった。

また、福岡地区の襲撃事件の多くは、福岡地区に本拠を置く工藤會傘下組織が関与していると思われた。当時、道仁会と九州誠道会の抗争が継続中で、暴力団対策の重点をそちらに置かざるを得なかった。そして、福岡地区の暴力団は、主に山口組傘下組織や福博会であり、比較的少数だった福岡地区工藤會組員の実態把握は不十分だった。

問題点の二つ目は、発生した事件処理に追われ、工藤會組員の大量検挙の余裕などなかったことだ。むしろ、この問題の方がより重大だったかもしれない。また、県警内部においても、必要だからと言って、右から左に人員を回すことは難しい。当時、他府県捜査員の応援も受けていたが、その数は限られていた。優秀な捜査員を派遣していただいても、暴力団の捜査は単なる数の問題ではないし簡単でもない。特に暴力団捜査では、経験と相手暴力団に対する知識が必要となる。

主に工藤會を担当する北暴課には、襲撃事件専門の特捜班を作っていた。以前の捜査第四課時代は、警察署ごとに特捜班を割り当てていた。このため、その管内で銃撃事件など突発事件が発生すると、それに捜査力を向けざるを得ず、その結果、資金源犯罪など組織基盤にメスを入れることができなかった。その反省から、襲撃事件専門の特捜班が警察署の管轄に関係なく襲撃事件の捜査を担当するようにしていた。だが、襲撃事件の多発により、他の特捜班もその捜査に回さざるをえなくなったのだ。

第八章　これからの組織犯罪戦略を考える

工藤會は特別な組織なのか

全国唯一の特定危険指定暴力団・工藤會は、間違いなく弱体化している。

特に平成二十六年九月以降、福岡県警により工藤會総裁以下主要幹部が次々と検挙され、長期間社会不在となっていることが大きい。だが、これまでの工藤會対策を振り返ると、現在の状況に至ったのは、決して警察の取締りだけではない。行政、市民・事業者の皆さんの意識の変化、暴力団排除活動、そして暴力団排除条例の制定など、少しずつ積み重なり累積し、それが現在の状況を生み出したと確信している。

暴力団対策法に基づき、各都府県公安委員会から指定された指定暴力団は現在二十四団体である。その中で唯一「特定危険指定暴力団」に指定されているのが工藤會だ。

工藤會の凶悪性、悪質性は特別だと考える読者も多いことだろう。だが、それは違う。「窮鼠猫を噛む」という諺がある。追い詰められたネズミは猫にも噛みつくという意味だ。特に最近、私は工藤會対策について講演等をする時、「福岡県の暴力団対策」と題してお話しするようにしている。なぜなら、工藤會をここまで追い詰めることができたのは、福岡県警のみの力ではなく、福岡県や北九州市といった行政、何よりも市民や事業者の皆さんが一緒に取組んでいただいた結果と考えているからだ。

工藤會がここまで凶悪事件を繰り返した背景の一つに、北九州地区の「縄張り」の独占がある。我が国最大の暴力団、山口組も公然と北九州地区の利権に介入することはない。県内の太州会、道仁会についても「四社会」を結成し、友好関係にある。工藤會は他団体との対立抗争の心配はない。しばらく前、田上不美夫工藤會会長が「工藤會は北九州の工藤會でいい」と語っていた。その考えは野村総裁も同じだと思う。

関東の暴力団の最高幹部の中には「お上には楯突かない」ということを言う者もいるようだ。では警察が暴力団に解散しろと言ったら解散するだろうか。市民に一切迷惑をかけるなと言ったらどうだろうか。福岡県警と県内暴力団は、特に昭和六十一年末以降の道仁会対山口組伊豆組との抗争以降、水と油のように対決姿勢が鮮明となっていった。

北九州地区の市民や事業者の皆さんが、工藤會の言いなりなら、連続発砲事件や凶悪な襲撃事件を繰り返す必要などどこにもない。県警が工藤會の大きな資金源だった大型工事にメスを入れ、多くの企業が工藤會との関係を絶とうとしなかったら、地元業者、更には元請けのゼネコン、発注者を狙う必要もない。工藤會ほど追い詰められた暴力団はかつてなかった。ただ彼らはただのネズミではない。狼の集団だ。そして最後は組織暴力に訴えるのが暴力団だ。工藤會はそれを躊躇しなかった。だが、市民や事業者の皆さんはそれに屈しなかった。

令和二年十月、接見禁止が解除された工藤會野村総裁に、六代目山口組ナンバー2の高山清司若頭が面会したと報じられた。本書でも触れたように福岡県暴力団排除条例が制定されたのは、工藤會による事業者襲撃等事件の続発が一因だ。工藤會は全国暴力団に多大なる迷惑を掛けたと言える。では高山若頭はそれを非難するため、野村総裁と面会したのだろうか。そのようなことはないだろう。恐らく、長期間の拘留に対する慰労などだろう。ある意味では、工藤會の凶悪事件により、山口組をはじめ他の暴力団は自ら手を汚すことなく、暴力団の恐ろしさを市民や事業者に再認識させることができた。

その髙山若頭や篠田建市（司忍）組長が歴代会長を務めたのが、愛知県名古屋市に本拠を置く弘道会だ。工藤會はクラブに爆弾を投げ込み多数の女性に重軽傷を負わせたり、暴力団排除標章制度を掲示した女性経営者らを次々と襲撃した。だが、弘道会も似たようなことをやっている。

平成二十二年九月深夜、弘道会稲葉地一家幹部らが、みかじめ料を拒んでいた愛知県名古屋市のキャバクラに火のついたガソリン入りペットボトルを投げ込み、店内にいた男性従業員（当時27歳）を殺害したほか、女性従業員二名を負傷させた。幹部らは翌年、殺人や現住建造物等放火容疑で逮捕され幹部は無期懲役、組員は懲役三十年が確定した。

被害男性の両親が、平成二十五年、篠田組長や髙山若頭に対し使用者責任に基づく損害賠償請求訴訟を提起し、篠田組長らは和解に応じ一億円を支払っている。

その後、愛知県でも暴力団排除条例が施行され、積極的にみかじめ料を支払ったり、それを暴力団側が収受することが禁止された。平成三十年七月、愛知県警は名古屋の繁華街の風俗店からみかじめ料を受け取っていたとして、弘道会髙山組・篠田正樹組長らを逮捕、同組長らは実刑が確定した。その後も愛知県警は弘道会のみかじめ料徴収の摘発を進め、起訴猶予となったが弘道会稲葉地一家・松山猛善総長らを令和二年三月以降、四回にわたって逮捕している。平成二十二年の放火殺人が、暴排条例施行後も弘道会にみかじめ料徴収を可能としているのは間違いないだろう。

大幅に減少しつつあるとは言え、令和二年末現在、全国で約一万三三〇〇人の暴力団員が活動を続けている。山口組をはじめ他の暴力団は工藤會の「失敗」についてもしっかり学んでいる。全国的に事業者襲撃等事件が激減しているということは、その必要がない、そのような危険を冒さなくても、何とかやっていけるということだ。

工藤會の溝下秀男総裁とも親交のあった作家の宮崎学氏がしばらく前、『現代ヤクザの意気地と修羅場　現役仁侠100人の本音』（双葉社）という本を書いていた。その「あとがき」で氏は、「ヤクザがヤクザとして生きられない時代は、一般の国民にとっても生きづらい時代であると思う。本書では、そんな現代社会をヤクザとして生き抜くヤクザたちのリアルな声を紹介したかった」と書いていた。宮崎氏に暴力団員らがどれだけ本音の話をしたかは兎も角、見逃せない点が一つある。それは氏が同書に書いてるように「今回の調査では、あえてシノギ（収入を得るための手段）についてはきかなかったが、合法的なビジネスにまで規制をかける権力については、今後も監視が必要と考える」という点だ。

ヤクザが合法、正当な活動によりシノギを得ているのなら、暴力団対策法も暴排条例も取締りも必要ない。実際には、暴力団が暴力団の威力を背景に違法・不当な資金獲得活動を行い、その過程で市民、事業者に組織的暴力を行使してきたからこそ、ヤクザが生きづらい時代となったのだ。暴力団対策法施行後、いくつかの指定暴力団トップは合法的な収入を得ているとして確定申告をしていた。工藤會野村悟総裁もそうだった。実際にはそれをはるかに上回る収入を得ていた。ヤクザに対し同情的な宮崎氏が、仮に「現役仁侠」たちにシノギを尋ねても、彼らは本音の話はまずしなかっただろう。また話せるわけもない。そして約一万三三〇〇人の暴力団員らは、これからも暴力団の威力を背景として、より巧妙に資金獲得活動を続けていくことだろう。

最近の映画や小説などで、暴力団員が暴力団対策法や暴力団排除条例により不当に虐げられているかのような作品が見受けられる。宮崎氏を含めヤクザに共感し同情を感じる人たちは、なぜかヤクザに脅され、暴力をふるわれ、さらには命すら奪われてきた人たちやその家族に対する思いはないようだ。また、組織のために、暴力団の意に沿わない市民、時に女性まで心ならずも襲撃させられた暴力団員らも暴力団組織の被害者だ。

工藤會トップらの検挙、隔離後、全国的に見ても市民や事業者が暴力団から殺され、傷つけられるような事件は大幅に減っている。だが一方では、敢えてそのような暴力に訴えなくても、約一万三三〇〇人の暴力団員やその準構成員等が何とかやっていけるだけのシノギが得られているということだ。

暴力団は決して社会のセーフティネットではない。それは断崖絶壁に突き出た岩棚のようなものだ。崖から誤って落ちてしまった者の中には、その岩棚に引っかかる者もいる。中にはそこで花を咲かせる者もいる。だが、その岩棚の下にはさらに豊かな土地が広がっている。崖の上に戻る道もあるかもしれない。

暴力団が存在し続けるかぎり、新たに暴力団に加わり、あるいは暴力団を必要悪視、美化する人たちがいることだろう。時にましなヤクザはいた。だがいいヤクザなどいない。全ての暴力団は「任侠団体」を標ぼうしている。建前とは言え、堅気に迷惑をかけない、女子供に手を出さないなどと主張している。暴力団員の中には、できるだけ堅気に迷惑をかけまい、自分なりに堅気の役に立ちたいと考えている者もいないことはない。そして、万が一警察に逮捕されても、潔く罪を認める者もいる。それがましなヤクザだ。

だが「任侠道」が建前にすぎないこと、それがフィクションにすぎないことは暴力団員自身が一番知っている。何よりも、自分のシノギ（資金源）が何なのか胸を張って答えられるヤクザは誰一人いない。彼らは、暴力団の威力を背景とした違法・不当な行為によって資金を獲得しているからだ。最後は組織暴力、それが暴力団、いいヤクザなどどこにもいない。

暴力団が減ると「半グレ」がのさばる？

特に暴力団排除条例が全国で施行された頃から、「半グレ」なる珍妙な言葉を聞くようになった。暴力団問題の専門家と呼ばれる人の中には、「暴力団が減ると半グレがのさばる」といったことを主張する人もいる。

「半グレ」なる言葉は、暴力団関係の著述が多い、ジャーナリスト・溝口敦氏が使用したのが初めてだろう。同氏が平成二十三年に書いた『暴力団』（新潮社）によると、「『半グレ』は堅気とヤクザとの間の中間的な存在であること、また『グレ』はぐれている、愚連隊のグレであり、黒でも白でもない中間的な灰色のグレー、グレーゾーンのグレー」だそうだ。

正直、なんで「半」グレなのかよくわからない。彼らの行為は暴力的集団を背景とした犯罪だ。半分ではなく本物の愚連隊、つまり、暴力団対策法以前の暴力団定義にあった青少年不良団（愚連隊）そのものではないかと思う。彼らを警察は、暴力団に準ずる暴力的犯罪集団として「準暴力団」と呼んでいる。

「愚連隊」そのものは、明治時代から使われており、元々は窃盗を主とした青少年不良団を指していた。その後、暴力性を強め、終戦後の混乱期から昭和三十年代にかけては、従来の博徒系暴力団あるいは的屋系暴力団を圧倒することもあった。そして、戦前からの博徒、的屋系暴力団、愚連隊が一体となって「ヤクザ」を自称するようになったのが現在暴力団だ。ヤクザは本来、江戸時代後半以降に博徒を指す言葉だ。

暴力団ではない彼らが、暴力団対策法や暴力団排除条例の適用を受けないのは当然だ。しかし、彼らがやっている暴力的行為、ニセ電話詐欺や恐喝行為等はまさに組織的犯罪だ。このため、大阪府警や沖縄県警はこれら準暴力団の取締りをより強化している。

また、暴力団対策法が制定される以前は、警察の暴力団担当部門では、暴力団員や暴力団準構成員等のほか、暴力常習者、略して「暴常」を取締りの対象とし、その実態の把握も行ってきた。暴力常習者とは暴力団組織には属さないが、常習的に暴力行為を行っている者たちだ。中には「○○グループ」と呼ばれ、特定のリーダーの下にグループを作り、暴力的犯罪を繰り返す者や、暴力団からも一目置かれる者もいた。私が巡査や巡査部長で交番勤務時代には、むしろ暴力団員よりも暴力常習者の方が、よく喧嘩や口論などトラブルを起こし一一〇番事犯となることが多かった。また、交番にも管内の暴力団員に加え、彼ら暴常の名簿が備え付けられていた。

準暴力団の問題が浮上した背景には、暴力団対策法制定後、彼らが警察の実態把握、組織犯罪対策の対象から外れてしまったことがあったのではないだろうか。

暴走族は警察の交通部門が、非行少年グループは少年警察部門が取締り、補導、実態把握を行っている。だが、彼らが成人となり、犯罪グループを作った場合、それを組織的に対応する部門は最近までなかった。現在、警察では、準暴力団については組織犯罪対策部門が実態把握、取締りを行っている。それが適切だと思う。

いつの世にも、どこの国にも犯罪集団、時に暴力的犯罪集団が存在する。狼の群れと言ってもいい暴力団が、表だった活動を控え、嵐の過ぎるのを待っていることを良いことに、その隙にのさばってきた野良犬集団が準暴力団ではないだろうか。

一方で暴力団の最大の特徴は、持続的かつ暴力的犯罪集団だという点だ。山口組は百年以上、工藤會も六十五年以上の歴史を有する。準暴力団のような犯罪集団についても決して警戒を怠ってはならない。だが、それが暴力団に取って代わることはないだろう。

違法薬物と暴力団

暴力団問題に詳しいとされる人の中には、多くの暴力団が違法薬物を禁止しているが、暴力団対策法、特に暴力団排除条例のため、金に困った暴力団員の中には違法薬物に手を出す者もいる、などと主張する人もいる。

工藤會もかつて「麻薬の撲滅」を組員に指示していた。北九州地区の覚醒剤密売、かつてはシンナーや危険ドラッグの密売も全て工藤會が取り仕切っていたにもかかわらずだ。覚醒剤密売やシンナー密売に関しては、工藤會がこれらの密売を独占するため、複数の殺人事件も発生している。

また、山口組は三代目当時の昭和三十八年、「麻薬追放国土浄化同盟」なるものを結成し、表向き覚醒剤等の使用、密売を禁止している。

実際には、令和二年中の覚醒剤検挙者の中の暴力団構成員等の数を見ると、六代目山口組がトップの一一八〇人、住吉会が六七二人、稲川会が四九五人、神戸山口組が三六六人、工藤會一二〇人、道仁会一〇五人と続いている。

大麻事犯でも、トップは六代目山口組で二二三人、次いで住吉会一四五人、稲川会九四人、道仁会三九人、工藤會三二人となっている（警察庁統計資料による）。

次ページの図は、統計が残っている昭和二十六年以降の覚醒剤事犯と大麻事犯の検挙人員と暴力団勢力の数をグラフにしたものだ。

検挙人員はグラフ左側の数で、覚醒剤事犯、大麻事犯には密輸犯の処罰等を規定した麻薬特例法違反も含んでいる。暴力団員等とあるのは、検挙された者のうち、暴力団員及び暴力団準構成員等の合計数だ。その他は全体の検挙人員から暴力団員等の数を引いた数と

◆覚醒剤事犯検挙状況

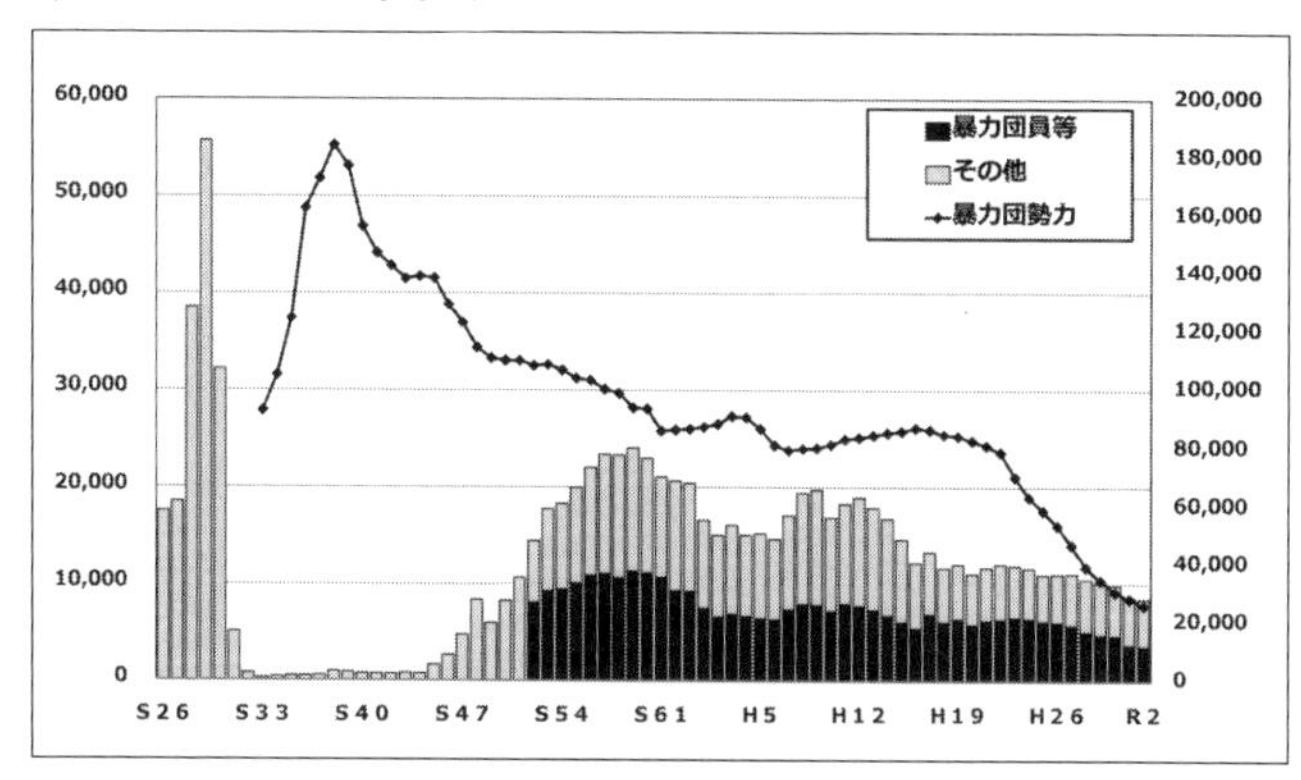

覚醒剤事犯：覚醒剤取締法違反に麻薬特例法違反を含む。

◆大麻事犯検挙状況

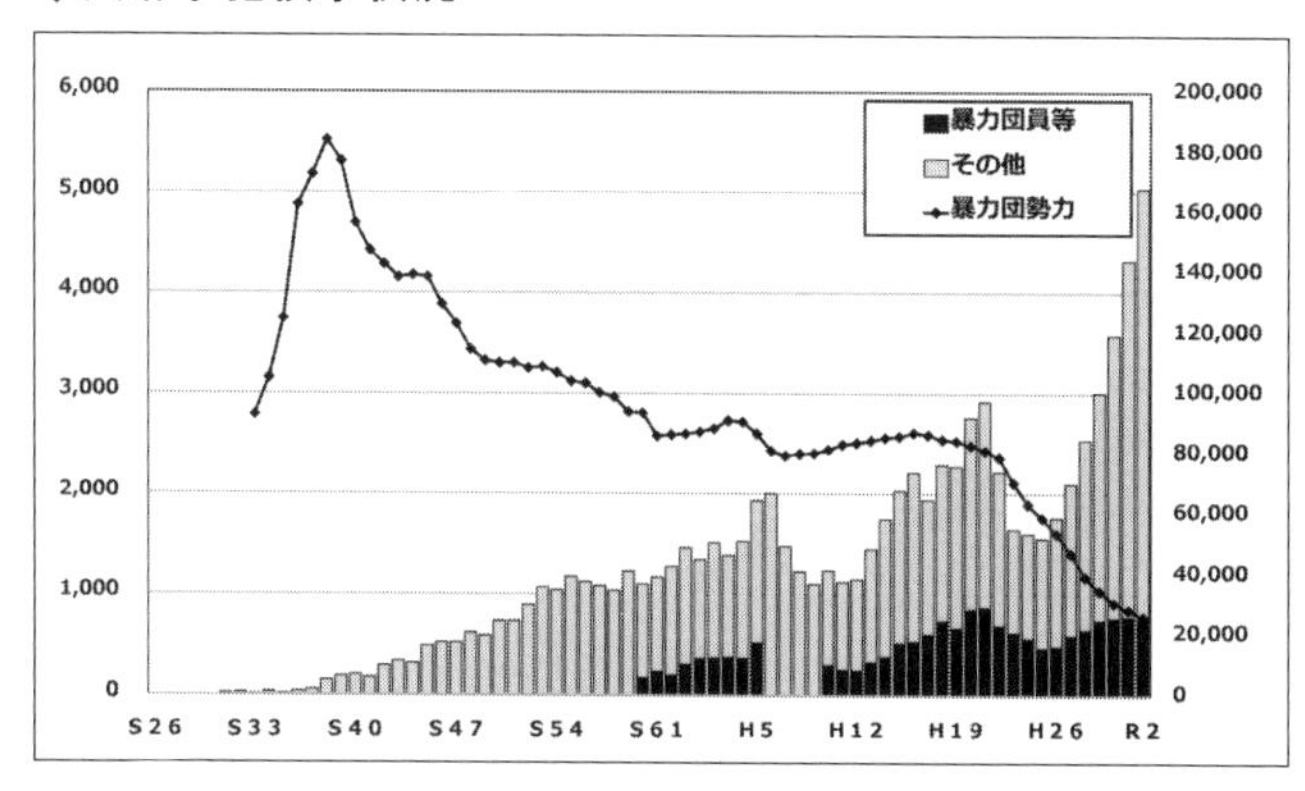

警察庁の統計資料による。大麻取締法違反に麻薬特例法違反を含む。平成６年～平成９年の暴力団員等の検挙人員は未公表。

※暴力団員等：暴力団員及び暴力団準構成員等

※大麻事犯：大麻取締法違反に麻薬特例法違反を含む（H10～H13の暴力団員等検挙人員は大麻取締法のみ）

なる。いずれも警察庁統計資料によるが、大麻事犯の平成六年から平成九年分については、暴力団員等のデータが判明しなかったため空欄となっている。

暴力団準構成員等とは暴力団の手足として活動する者などだが、特に違法薬物の密売事犯では、ほとんどの暴力団が表向き違法薬物密売を禁止しているので、暴力団員が自分の手足となる暴力団準構成員等に密売させる例が多い。

暴力団勢力は暴力団員と暴力団準構成員等の合計数でグラフ右側の数になる。暴力団勢力が最も多かったのは昭和三十八年末、全国で約一八万四一〇〇人、当時の全国警察官約一三万七〇〇〇人を大幅に上回っていた。

昨年末は約二万五九〇〇人と、特に全国で暴力団排除条例が制定施行された平成二十二年以降大幅にその数を減らしている。

覚醒剤は戦後間もなくまで医薬品として販売され、戦後、その乱用が広がり大きな社会問題となり禁止された。そのころから暴力団は覚醒剤密売に深く関与しているが、具体的な数値は残されていない。だが、覚醒剤、大麻ともに、暴力団対策法、暴力団排除条例が施行されるはるか以前から暴力団が深く関わっていることがわかる。

そして、暴力団勢力は大幅に減少しているにもかかわらず、暴力団員等の検挙人員はそれほど減っていない。令和二年中、覚醒剤事犯検挙者の約四三パーセント、大麻事犯の約一五パーセントが暴力団員等だ。むしろ、暴力団は違法薬物への関与を強めていると言ってよいだろう。

大麻事犯は、その危険性に関する誤解から、二十代、十代の検挙者が爆発的に増加している。だが、その中で暴力団員が直接関与した事件では、大麻を大量に栽培したり、同時に覚醒剤を所持する例が散見され、暴力団が資金源としていることが窺われる。

令和三年九月、警視庁と埼玉、千葉両県警の合同捜査本部が住吉会の暴力団員ら男女九人を大麻取締法違反で逮捕した。彼らは密売が発覚しないよう民泊三十三か所を転々としながら、ツイッターなどで客を集め、三億円以上を売り上げていたという。関係先からは大麻約一・七キログラム、覚醒剤約十六グラム、大麻草八十四株が押収された。

同年二月、沖縄県警が共同で大麻・覚醒剤を所持していたとして女子高校生を含む少年少女三人を逮捕した。彼らは会員制交流サイト（ＳＮＳ）を利用して大麻等を販売していた。当時の報道では、警察が少年（当時16歳）の一人を「外部からの情報提供」で任意聴取した結果、検挙に至ったとのことだった。ところがこの「情報提供」を行ったのは、沖縄の指定暴力団旭琉会（ぎょくりゅうかい）の暴力団員だった。

同年九月、沖縄県警は、この十六歳の少年を逮捕監禁したとして旭琉会二代目功揚一家総長ら五人を逮捕した。彼らが少年を逮捕監禁したのは、違法薬物の密売をやめさせるためではない。客を装って違法薬物を密売する「売人」（密売人）を見つけ、その上前をはねるためだった。暴力団側は監禁した少年から大麻等の入手ルートを聞き出そうとしたが、少年が口を割らなかったため、那覇警察署に突き出したという。報道では、暴力団のこのやり方を沖縄では「売人たたき」と呼び、近年横行しているようだ。

また、覚醒剤押収量が最も多かったのは、実は令和元年中で、警察、税関等合わせて約二六五〇キログラムが押収されている。この量は日本人全てが一回ずつ使用できる量だ。ところが末端価格に変化はなかった。押収量をはるかに上回る覚醒剤が国内に流通しているということだ。

覚醒剤は国外からの密輸に頼らざるをえないことから、外国人犯罪グループが関与することが多いが、国内での密売を取り仕切っているのは持続的組織を有する暴力団だ。

暴力団の「違法薬物禁止」は単なる建前にすぎない。

捜査の現場に戦えるだけの武器を

暴力団排除活動は、間違いなく大きく進化し、成果を生んでいる。だが、暴力団など組織犯罪捜査についての武器は、戦後ほとんど改善されていない。工藤會対策ではここまで来ることができた。では、工藤會はそのまま壊滅するだろうか、ほかの暴力団はどうだろうか。私は工藤會が早晩壊滅するとは思っていない。相当数の組員は工藤會にしがみつき続けるだろう。工藤會は間違いなく弱体化している。だが工藤會を含め暴力団壊滅道半ばと言わざるをえない。

だからこそ、捜査の現場に戦えるだけの捜査の武器を与えて欲しい。日本警察には、暴力団やテロ集団等の組織犯罪集団に対する世界標準の取締りの武器が与えられていない。

平成二十八年五月、刑事訴訟法等の一部改正で、ようやく、検察、そして警察に対し、限定的だが、協議・合意制度（日本版司法取引）という武器が与えられることになった。だが、検察が数件行ったようだが、警察による活用は皆無のようだ。

さらに平成二十九年、テロ等準備罪法案成立により、我が国は十七年間批准できなかった国際組織犯罪防止条約を締結することができた。ほとんど報じられることもなかったが、この条例では第二十四条で「証人の保護」、第二十五条で「被害者に対する援助及び保護の提供」に関して適当な措置を取ることが求められている。しかし日本の現状は未整備のままだ。「証人の保護」は暴力団に留まらず、組織犯罪対策上、非常に重要なことだ。国際組織犯罪防止条約批准を機に、イタリアやアメリカのように、被害者さらには捜査協力者に対する法的制度も是非、整備していただきたいと思う。

我が国では、警察や検察といった捜査機関に新たな権限を与えることに批判的意見が少なくない。だが、多くの国々が犯罪組織やテロ組織に対抗するため、市民の権利とバランスを取りながら、新たな捜査手法を捜査機関に与えてきた。一例として、マフィアと戦ってきたイタリアの取り組みを見てみたいと思う。

イタリアのマフィア対策

国内で活動している外国人犯罪組織を「〇〇マフィア」などと呼ぶことがある。元々のマフィアは、イタリア南部シチリア島の犯罪組織のことで現在も壊滅には至っていない。

映画『ゴッドファーザー』に描かれたように、過去、マフィアは「名誉ある男」として、ある程度、社会にも受け入れられていた。日本の暴力団は戦後の混乱期、博徒、旧来のヤクザからまさに暴力団へと変わっていった。同様にマフィアは、第二次世界大戦後、凄惨な抗争を繰り広げた後、コルレオーネ一家（一派）と呼ばれる集団がシチリアマフィアを掌握、市民のほか、警察官、検察官、政治家まで次々と暗殺してきた。

現役当時は職場の机の上に、そして今は手許に飾り続けている一枚の写真がある。私が尊敬してきた二人の捜査官の写真だ。イタリアのジョヴァンニ・ファルコーネ検事（一九三九～一九九二）とパオロ・ボルセリーノ検事（一九四〇～一九九二）の二人だ。二人ともマフィアの本拠地であるシチリア島出身であり、そのシチリアでマフィアに暗殺された。

一九八三年、マフィアはマフィア対策を指揮していたキンニーチ検事を暗殺したが、同年、ファルコーネ検事らは、マフィアのボスの一人だったトンマーゾ・ブシェッタの協力を得る事に成功した。マフィアメンバーは裏切れば死を意味する「オメルタ（沈黙の掟）」により支配されていた。ブシェッタは、マフィア同士の抗争で息子二人を含む一族を虐殺され、マフィアに復讐するためこの掟を破ったのだ。

当初、ブシェッタは復讐の一念から検察に協力したが、彼が全面的に検察に協力するに至ったのは、ファルコーネ検事に対する信頼があった。一九八四年六月、滞在先のブラジルからローマ直行便の横にはファルコーネが座っていた。ブラジルでブシェッタはブラジルの捜査当局に逮捕され、壮絶なリンチを加えられたが黙秘を貫いた。ファルコーネらは、一つ一つの事件の裏付けも徹底し、彼の供述が真実であることを確認していった。同年十一月、ブシェッタは心から改心し、「ファルコーネ検察官、あなただけを信頼します」（シルヴィオ・ピエルサンティ『イタリア・マフィア』ちくま新書）とファルコーネに絶対の信頼を寄せるにいたった。やはり人間対人間だ。

ブシェッタの協力を得た検察は、大幹部を含む四〇〇人以上を逮捕し、「マフィア大裁判」と呼ばれる裁判の結果、三〇〇名以上が有罪となった。ところが、その中に、コルレオーネ一家を掌握していた大ボス・サルヴァトーレ・ニーナの姿はなかった。ニーナは、一九七〇年代に既に殺人等で指名手配となっていたが、二〇年以上逃げ続けていた。

マフィア対策に辣腕を振るったファルコーネ検事だが、その後、他の有力検事との対立もあり、シチリアを離れ、政府の司法省刑事局長としてマフィア対策立法を進めた。一九九二年（平成四年）五月二十三日、シチリアに戻り、高速道路を通行中のファルコーネ検事夫妻の車の下で高性能爆薬が爆発した。ファルコーネ検事夫妻と、護衛の警察官七人中三人が即死した。さらに、七月十九日、シチリアのパレルモ高等検察庁次席としてマフィア対策に従事していたボルセリーノ検事も、護衛の警察官五人と共に爆殺された。ボルセリーノとファルコーネは幼なじみ同士だった。

一連の凶行はシチリア市民をはじめ多くのイタリア国民のマフィアへの反感を一気に高めた。マフィアの名前を口にすることすらはばかれたシチリアで、多くの市民が白いシーツに両検事の名前を書いて、マフィアと無策な政府への抗議のためベランダに張り出したという。

マフィアはあらゆる商売からみかじめ料を徴収していたと言われている。ところが、ファルコーネ検事らの暗殺事件後、このみかじめ料を公然と断る市民が次々と出てきた。イタリア政府は四千名の軍隊をシチリアに派遣し、関係者の保護を強化、起訴されたマフィア数百名の大裁判を乗り切った。以後、イタリア政府は最高検察庁と内務省にマフィア対策専門部局を置いて取締りを続けるとともに、マフィア対策のための法制度を強化していった。

ニーナは、一九九三年一月に、ファルコーネ、ボルセリーノ両検事殺害を含む八〇件の殺人で逮捕された。しかし、マフィアは、同年五月から七月に、ローマ、フィレンツェなどで爆弾テロを繰り返し、市民十一人が死亡、十九人が重軽傷を負った。逮捕されたニーナは百五十人以上の殺害を指示したとされ、二十六回の終身刑となったが、二〇一七年十一月、がんにより死亡した。

マフィア対策で効果をあげたイタリアの取り組みのうち三つを紹介したい。

①改悛者制度

本来はテロ対策で設けられた制度のようだ。一九九一年三月、マフィア等の犯罪組織にも拡大された。マフィアのメンバーなど組織犯罪を行った者が、共犯者から離脱し、被害の発生防止に努めたり、捜査当局の証拠収集に「協力」した場合に減刑される。イタリアは死刑がないので、無期が十二年以上二〇年以下に、有期刑は三分の一から二分の一に減刑される。改悛者は、次の「証人保護プログラム」を受けることが出来る。

改悛者は、「協力」を決定した日から一八〇日以内に、知っていること全てを供述し、簡易陳述書に応じなければならない。そして、自己と近親者の財産を開示しなければならない。

日本の協議・合意制度は起訴前の被疑者、あるいは起訴され刑が確定する前の被告が対象だ。すでに刑が確定した者が協力した場合の規定はない。工藤會の襲撃事件で無期や長期服役中の暴力団員の中にも、捜査員に対し他の事件や上位の関与を認めている者は少なくない。だが、現状では彼らが捜査に協力することはあり得ない。なぜなら、自分の刑期を増やすだけだからだ。

アメリカの司法取引では、共犯による殺人事件など凶悪事件でも、司法取引に応じた共犯者は、全くその罪を問われないことがあるという。イタリアの改悛者制度は、全く刑に問われないのではなく、刑が減刑されるというものだ。アメリカ型よりもイタリア型の方が、日本では受け入れ易いのではないだろうか。

②証人保護プログラム

イタリアやアメリカ等にあって、日本にないのが、この法的証人保護プログラムだ。改悛者や証人など、司法当局に協力して、証言等を行い、重大かつ現存する危険にさらされている者及びその家族が対象となる。警察等の保護措置のほか、氏名など身分の改変、居住地の変更、一定の経済支援を受けることができる。ブシェッタやその家族もこの対象となり保護された。工藤會対策では、捜査あるいは警察活動の一環として、証人・協力者保護を行って来た。だが、そこには限界がある。

平成二十九年、「共謀罪」に関して『国際組織犯罪防止条約』に注目が集まった。同条約には証人及びその親族等の保護、被害者の保護等の規定がある。我が国には、暴力団の被害者や捜査協力者に対する法的保護システムは存在しない。是非、この証人保護プログラムについても、前向きに議論を進めていただきたい。

③マフィア財産の没収

イタリアではマフィアメンバーの財産が明らかになった場合、その財産について、マフィア側がその入手先を立証する義務がある。マフィア側が正当所得と立証できなければ、その財産は没収される。イタリアでは二〇〇八年から二〇一一年の間に、約二一〇億ユーロ（約二兆五千二百億円）のマフィア財産を保全し、約五五億ユーロ（約六千六百億円）を没収している。

日本警察も以前から、暴力団等に関し国税側へ税務調査を促す「課税通報」を行っている。それはあくまで通報にすぎない。実際には、いつどのような状況で得た所得と立証できない、所得は認められても税金を支払うだけの資産がない、あるいは資産の隠匿場所がわからないというのが現状だ。

工藤會・野村総裁を脱税で検挙され、一審は有罪を宣告している。だが、他の暴力団のトップについてそれが可能だろうか。山口組・篠田建市組長は拳銃不法所持で起訴された後、十億円の保釈金を払い一旦保釈されている。同じく山口組・髙山清司若頭も恐喝で起訴後、十五億円の保釈金を払い保釈となっている。その金はどこから出てきたのだろうか。もちろん、彼らにそれを説明する義務などない。二人とも有罪が確定し保釈は取り消され、保釈金は返還されている。

イタリアでは、マフィアなど組織犯罪グループのメンバーは、その財産について、自ら正当なものであることを立証しなければならない。立証できなければ没収される。

自ら手を汚す必要のない暴力団トップ、例えば指定暴力団代表者だけでも、このようにできれば、確実に打撃を与えることができるだろう。

日本版「司法取引」協議・合意制度

平成二十八年五月の刑事訴訟法等の一部改正により日本版「司法取引」制度とも言える

「協議・合意制度」が採用された。

　これは、被疑者、被告人が特定の犯罪にかかわる他人の刑事事件について、真実の供述をすること、証人尋問で真実の供述を行うことに対して、検察官が起訴しなかったり、起訴を取り消したり、特定の求刑を行うことを検察官と被疑者、被告人が「合意」する制度だ。対象となる犯罪は、組織的詐欺や薬物犯罪、銃器犯罪等の特定犯罪に限定され、組織的殺人は含まれていない。起訴が取り消されれば、当然、裁判も打ち切られることになる。

　この合意の前提となる「協議」には、検察官と被疑者、被告人に加え弁護人が加わる。暴力団事件では、暴力団組織が特定の弁護士を弁護人として、身柄拘束中の暴力団員につけることが多い。その場合、黙秘や否認、あるいは暴力団上位の関与を認めないよう弁護人が指示することが多い。

　実際には工藤會の多くの襲撃事件がそうだったが、取調官の人間対人間の取調べにより犯行を認め、更には暴力団からの離脱を決意したり、上位幹部の指示を認める者も多い。

　そのような暴力団員は、組織が付けた弁護士を解任し、本人や家族が依頼した弁護士に切り替えたり、国選弁護士を弁護人としている。「協議」には、そのような真に被疑者、被告側の利益を代表する弁護人が加わることとなるだろう。

今回の協議・合意制度に関しては批判的意見が目につく。一つは冤罪を生む可能性があるという主張だ。

刑事訴訟手続きにおいて司法取引が多く行われているのがアメリカだ。

アメリカでは、一般的な刑事訴訟手続きの九〇パーセント以上が公判までの司法取引で処理されている（米国大使館『米国司法制度の概要』二〇一二年七月）。それら事件の中には、長期間の拘束や、より大きな不利益を避けるため、してもいない事件を認めたりする例もあるのではないだろうか。また、死刑判決を受けた後、冤罪と判明した事件の約四六パーセントが、他の犯罪者の虚偽密告だったという話もある。

だが、日本とアメリカとでは司法の実態が大きく異なっている。日本の司法は可能な限り真実に近づこうとする「実体的真実」主義と言われている。一方、アメリカでは司法取引が九〇パーセント以上であるように、手続きさえ踏めば、実体にはこだわらないようだ。

日本の裁判では、宣誓した証人が虚偽の陳述を行えば偽証罪となるが、被疑者、被告人がいくら嘘をついても責任は問われない。アメリカでは公判で正しいことを答えないと証言拒否罪に、嘘をつくと偽証罪が問われる。以前から、そしてこれからも、虚偽の犯罪を申告したり、人を陥れようと虚偽の供述を行う者は必ずいる。私自身も、知能犯係長当時、被害者が嘘をつき、被疑者の中立てが真実だった事件を経験した。幸か不幸か、被疑者が他に複数の事件に実際に関与していたため、全体的には誤認逮捕、冤罪とならずに済んだが良い勉強となった。そして、善意の目撃者など参考人も、勘違いなどから事実と異なる供述をすることはざらだ。

「協議・合意制度」では、「真実」という点が強調されている。捜査側に有利な供述をしたから便宜を図るというものではない。何よりも捜査側は、完全は無理だが、より真実に近づく努力を怠ってはならない。有利な供述が得られても、それに満足することなく、客観的証拠を積み重ねていく努力を惜しんではならない。

最近の報道によると、複数の襲撃事件を指揮し、建設会社社会長に対する殺人事件では、自ら実行犯となった工藤會幹部中西正雄の公判で、中西は完全否認したようだ。中西を含め、一連の事件で検挙、公判中の工藤會組員のうち、中西のように上位の幹部は一様に否認を続けている。

一方で、襲撃事件に加わった幹部や組員のうち相当数が、担当捜査員らの努力により正直に自らの犯行を認め、直近上位の指示者等についても認めている。元警部と歯科医師に対する組織的殺人未遂事件の実行犯で他の襲撃事件にも関与した工藤會幹部がいる。彼は、捜査段階から素直に犯行を認めていたが、検察の求刑懲役三十年に対し、判決も懲役三十年だった。彼は控訴したが棄却され服役した。この求刑、判決ともやむを得ないものと考えている。組織的殺人の罰則は、死刑又は無期若しくは六年以上の懲役だ。おそらく検察側も、本人が素直に犯行を認めていることなど考慮して、無期ではなく懲役の最高である三十年を求刑し、裁判所もこれを認めたものと思う。

だが、この判決を見て、同様の事件に関与した他の暴力団員らが積極的に捜査に協力しようと思うだろうか。一連の工藤會による襲撃事件はジギリと呼ばれる組織のための犯罪であり、暴力団側は検挙された暴力団員らが自分だけで留め、上位への追及を阻止する限り、それなりの対応を行ってきた。今の工藤會にどれだけのことができるかということはあるが、おそらく中西は工藤會組織にしがみついていくつもりだろう。

それに対抗し得るのは、改悛者制度のようなシステムだ。新たに規定された協議・合意制度の対象となる特定犯罪には組織的殺人は含まれていない。だが、暴力団などが行っている組織的な詐欺や覚醒剤密売などの薬物犯罪、銃刀法は対象となっている。まず、これらで協議・合意制度の有効性を確認し、組織的殺人など暴力団、犯罪組織が関与する事件に適用していただきたい。

『犯罪捜査規範』第百六十八条では、次のように取調べにおける任意性の確保が求められている。

（任意性の確保）

第百六十八条　取調べを行うに当たつては、強制、拷問、脅迫その他供述の任意性について疑念をいだかれるような方法を用いてはならない。

2　取調べを行うに当たつては、自己が期待し、又は希望する供述を相手方に示唆する等の方法により、みだりに供述を誘導し、供述の代償として利益を供与すべきことを約束し、その他供述の真実性を失わせるおそれのある方法を用いてはならない。

同条第二項では「供述の代償」として「利益を供与すべきことを約束」することなどが禁止されている。このため現時点では、取調べで安易に「検察官に起訴しないよう頼んでやる」とか「求刑を軽くしてもらう」などと言ってしまうと、供述の任意性が失われてしまうこともあるだろう。

そして、協議・合意制度はあくまでも検察官の権限である。警察が検察官に送致・送付した事件や現に捜査中の事件については、事前に検察官と警察との間で協議しなければならない。

あくまでも私の意見だが、例えば検察官がその事件について起訴・不起訴を決定した後、公判での求刑までの間に「協議・合意制度」を活用したらどうだろうか。協議・合意制度では起訴の取り消し、特定の求刑を行うことが可能だからだ。暴力団員の中には、自らの犯行を反省し、上位の者の指示等について正直に供述している者も多い。そのような者について、事件が比較的軽微な場合は起訴を取り消し、そうでない場合もイタリアの改悛者制度のように二分の一、三分の一少なくした求刑を行うことは可能ではないだろうか。

警察としては、正攻法の取調べ、徹底的な裏付け捜査を行い、それに基づき、検察官に起訴・不起訴を判断してもらう。そして起訴後に、協議・合意制度を活用するならば、供述の真実性を失わせることにはならないのではないだろうか。

真に罰せられるべきは、嫌々ながらも犯行に及んだ末端の暴力団員等ではなく、自らは手を汚すことなく、任侠団体を気取る暴力団トップや多額の利益を収める特殊詐欺の元締めらだ。

潜入捜査・おとり捜査

定年退職後も気になっていることが、薬物乱用、特に大麻使用の爆発的増大、特殊詐欺など暴力団等の組織犯罪グループが深く関与している犯罪だ。

大麻についていては、その使用罪導入も検討されている。取締り側にいた人間としては、捜査現場には必要だと思っている。一方で、末端の大麻や覚醒剤その他の薬物乱用者に対しては、厳罰化ではなく、薬物依存から抜け出す道を手助けすることが必要だと思う。

大麻についていては、カナダをはじめアメリカの多くの州、近くメキシコも使用や少量の所持を合法化、あるいは非犯罪化している。国内でも大麻使用の合法化を主張する人は多い。だが、大麻使用の合法化を訴える人たちは、なぜか大麻を合法化、非犯罪化したカナダやアメリカの各州などで、大麻使用はもちろん大麻以外のコカイン、覚醒剤、ＭＤＭＡなどより危険性の高い薬物の乱用が危機的状況であることはあまり言わない。何よりもカナダなど大麻を合法化した国々でも、未成年者の大麻使用は禁止し、譲渡も罰則付で規制している。

最近の大麻検挙者を見ると十代、二十代が爆発的に増加している。高校生、中には中学生も検挙されている。その大麻密売の大きな武器が会員制交流サイト（ＳＮＳ）などの通信アプリだ。特殊詐欺でも「闇バイト」と呼ばれる手口で、ＳＮＳで末端の実行犯を募り、本人であることの確認のため免許証などの写真を送付させている。結果的に末端の実行犯を検挙しても、指示役、さらにはその上部にいる指揮者を検挙することは困難を極めているようだ。全国警察では、そのような「求人」や密売を行う者のＳＮＳに警告のメッセージを書き込むなど対応しているようだが、イタチごっこの感は拭えない。

令和三年五月、警察庁は実行犯側のＳＮＳを人工知能（ＡＩ）で解析するシステムの導入を決めたようだ。また六月には、社会のデジタル化の進展やサイバー空間の脅威への対応強化のため、「サイバー局」を構想を公表した。さらに警察庁自らが捜査する「サイバー直轄隊」も設置する方針のようだ。大いに期待したい。

一方で、暴力団や薬物密売、特殊詐欺などの組織犯罪対策の武器として、アメリカや欧米で行われている潜入捜査も検討の時期ではないかと思う。すでに、厚生労働省の麻薬取締官や都道府県職員である麻薬取締員は、麻薬及び向精神薬取締法により、麻薬犯罪捜査にあたり、厚生労働大臣の許可を受けて、何人からも麻薬を譲り受けることが認められている。令和三年三月には東海北陸厚生局麻薬取締部が、ツイッターを使い大麻を密売していたグループの男女五人を逮捕している。

同年六月のAFP通信は、アメリカのFBIやオーストラリア、ヨーロッパ一六ヶ国の捜査機関が行った「トロイの盾」というおとり捜査作戦を紹介していた。日本でも犯罪者の一部は、暗号化され履歴の残らない暗号化通信ソフトを使用している。今回の作戦は、FBIが設立した暗号化携帯端末の会社が開発した暗号化端末が活用されている。この端末を各国の犯罪組織に密かに配付し、この端末を使った各国犯罪組織の送受信メッセージを傍受し監視を続けた。一年半の間に百か国以上の犯罪組織に約一万二千台の端末を配付し監視を続けたようだ。その結果、約百件の殺人を未然に防止し、大量のコカイン、大麻、覚醒剤のほか、四千八百万ドル（約五十三億円）相当の現金・暗号通貨を押収、八百人以上を逮捕したという。

少し古いが平成十五年版警察白書の『海外における組織犯罪の現状と対策』は、主要国の組織犯罪対策を解説している。これを見ると、アメリカ、フランス、ドイツなどで、潜入捜査が認められている。具体的には、麻薬犯罪や武器取引等の重大な犯罪について、警察官が架空の身分を与えられ、架空身分のために必要な文書を作成、使用等できる。例えば偽の運転免許証などが該当するだろう。その活動は厳格に定められている。

我が国でも、特殊詐欺の指示者、あるいは違法薬物の密売者など、すでに犯罪を決意し、犯罪の手足や違法薬物の購入者を求めている者に対しては、闇アルバイトや購入希望者を装った捜査員が相手と連絡を取り合い、その検挙、さらには犯罪組織の壊滅を目指すことを検討すべき時期ではないだろうか。

暴力団からの離脱

暴力団対策法、そして暴力団排除条例施行にともない、暴力団を離脱しようとする者も増加している。そこでこの暴力団からの離脱に関して少し触れておきたい。

福岡県警は、特に工藤會総裁、会長らを検挙した「工藤會頂上作戦」後、暴力団からの離脱、さらには就労支援に力を入れている。

全国的には年間約六百人ほどが警察、暴追センターの支援を受けて離脱している。令和二年中は新型コロナウイルスの影響もあったためか全国で約五一〇名、福岡県は約八十名だったが、平成二十七年から令和元年中、福岡県は常に百人を超えて来た。また、仕事の斡旋を行う就労支援は全国の半数近くを福岡が行ってきた。

元暴力団員を雇ってくれる企業を「協賛企業」と呼んでいるが、福岡県は約三百九十社（令和三年八月末現在）。他の都道府県で百社を超えているところはない。

全国、福岡県ともに暴力団員数は大幅に減少している。全国では平成二十三年末現在、約三万二千七百人だった暴力団員が令和二年末現在は約一万三三〇〇人に減っている。うち離脱支援を受けた者は約五千九百人、減少した暴力団員全体の約二十六パーセントだ。ところが、福岡県は平成二三年末現在、約二千三十人だった暴力団員が令和二年末現在八百六十人まで減っているが、離脱支援を受けた者は減少した暴力団員全体の約六十七パーセントにあたる約八百八十人だ。

離脱に当たっても、一部の府県では暴力団側の離脱承認書や破門状といったものを求めるところもあるようだが、福岡県警は違う。

離脱を希望する暴力団員には県警の担当者が何度も直接話を聞いて、本人の意思を確認する。そして、それが間違いないとなると、県警の担当官が直接、相手側暴力団の組長やしかるべき幹部に連絡するのだ。直接会うことは嫌がる幹部が多いが、電話に出ない者は誰もいない。指定暴力団の暴力団員に対し、離脱を妨害すると中止命令を掛けられ、命令に違反すると逮捕されるからだ。

電話で県警の担当官が組員の離脱意思を告げると、一言二言不満を述べることはあっても、脱退を承認しない者は一人もいない。福岡県警はその内容を記録化し、その時点をもって暴力団員が離脱したと認定する。そして、その後も五年程度は連絡を取り合い支援を行っている。

就労支援についても誤解があるようだ。

離脱支援を受け、さらに就労支援を受ける者は離脱支援者の数パーセントと少なくなるが、実際には離脱を決意した暴力団員の相当数は自ら就職先を見つけた後に離脱の相談を行っているのだ。また、服役中に離脱を申し入れる者も多く、福岡県警は服役中であっても、真に離脱を決意した者は離脱支援を行っている。当然、服役中だから就労はできないが、出所後、必要な支援を行っている。

犯罪を繰り返してきた者も多く、離脱後、中には就労したその日に事件を起こし逮捕された者もいる。だがほとんどの者は真面目に頑張っている。そして、この五年間、福岡県内で離脱支援を受け暴力団を離脱し、再び暴力団に戻った者は一人もいない。

暴力団五年条項について

暴力団を離脱しても暴力団排除条例により、五年間は暴力団員と見なされ銀行口座もできない、という誤解があるようだ。

全国で最初に制定された総合的暴力団排除条例である福岡県暴力団排除条例でも、その第二条に、

三　暴力団員等　暴力団員又は暴力団員でなくなった日から五年を経過しない者をいう。

という規定がある。

だが、この規定は、いわゆる「偽装破門」など実際は暴力団員あるいは暴力団準構成員等として活動を続ける者がいるからだ。そして、暴排条例で禁止されているのは、事業者がこの暴力団員等へ利益の供与を行うこと、暴力団員等が事業者から利益の供与を受けることだ。

「偽装破門」については、工藤會ではまずなかったが、福岡県のある山口組傘下組織では頻繁に行われていた。山口組は表向き「麻薬」を禁止している。このため、覚醒剤所持や密売、あるいは窃盗などで検挙、報道された組員については、一か月さかのぼって「破門」等の処分を行い、山口組本部へ報告していた。組員は裁判で、組から処分を受け離脱したなどと主張し、少しでも刑を軽くしようとするのだ。

そして、山口組の場合は「復縁」という山口組への復帰が認められている。刑務所から出所、あるいは執行猶予となり釈放された組員については、ほとんどを「復縁」させていた。

建設業法や貸金業法など、許可を必要とする各種事業について定めた多くの法令で、その業務の許可を取り消されて五年間は新たに許可を得ることができない旨を定めている。貸金業法では「暴力団（略）又は暴力団員でなくなった日から五年を経過しない者（以下「暴力団員等」という）」と暴排条例と同様の規定があり、「暴力団員等」は貸金業の登録を受けることができない。

また、金融機関は互いの取り決めで、暴力団員でなくなって五年経っていない者については、口座開設を認めていない。

しかし口座開設をするかしないかは民事上の問題だから、契約自由が原則となる。金融機関側が元暴力団員が離脱後五年を経過していなくても、口座開設を認めることができるのだ。

福岡県警は現実に、暴力団離脱から五年経過していない者であっても、真に暴力団との決別を決意し、真面目に働こうとしてきた元組員については、口座開設を支援し、実際に口座開設が行なわれてきた。

口座開設のみならず、アパートを借りられない、暴力団を離脱し何年も経っているのに、未だに暴力団員と見なされる等の相談にも、福岡県警そして福岡県暴力追放運動推進センターは積極的に対応している。

暴力団員だった過去は変えられない、だが未来は変えることができる。工藤會総裁らに対する厳しい判決を受け、少しでも多くの暴力団員が離脱、そして真面目に働くことを決意することを期待したい。

おわりに

巡査時代から、私の生き方に大きな影響を与え続けてきた考えが一つある。

あまり人には話したことはなかったが、自らは「三十八口径の哲学」と呼んでいた。

三十八口径とは警察官が使用する回転式拳銃の口径〇・三八インチ（約九・六五ミリ）を指す。

私は二十代はじめの第一機動隊隊員時代の最後、拳銃特練の候補となったことがある。

第一機動隊には、全国警察柔道・剣道大会に向け訓練を行っている特練小隊と呼ばれる小隊があった。それとは別にもう一つ、少人数の拳銃特練があった。拳銃特練は毎年行なわれる全国警察射撃大会に向け訓練を続けていた。

私は、機動隊の拳銃射撃訓練でたまたま高得点を獲得したことから、この拳銃特練の候補生となった。次期の特練候補者選考会が行われ、私もその一人として参加した。一週間、他の候補者と一緒に実弾を使用した拳銃射撃訓練を行い、最後の日、最終候補者選考が行われた。最高得点を得た一名が拳銃特練となるのだ。私は、他の一人の隊員と一位、二位を争っていたが、この最終選考で競り負けてしまった。もし一位になっていたら、私は別の警察人生を過ごしたことだろう。

選考の日の夜、機動隊で拳銃特練小隊長や指導員の先輩も出席し、慰労会が開かれた。その時、先輩の一人から教えられたことが次の言葉だった。「撃つ時は一発一発に心を込めろ。そして撃った後は前のことは忘れろ。しまったと何ぼ思っても標的の弾は一ミリも動かんぞ」。標的の弾とは、この場合、標的の弾痕のことだ。結果は変えられない、だからそれに囚われずに気持ちを切り替えろ、という意味だ。

定年退職後、務めてきた福岡県暴力追放運動推進センターでは福岡県警と連携し、暴力団員の離脱、就労支援を行っている。その際、私がよく使うのが「過去は変えられない。だが、未来は変えられる」という言葉だ。

拳銃については、警部補、警部時代は指導員をしていた。自らの訓練も怠らなかった。私は、刑事のみならず警察官に必要なものは、ぶれないこと、そして覚悟だと思っている。ぶれないというのは、警察の責務、市民を守るということを忘れないということだ。時に目先の実績や数値に拘る者もいるが、市民を守るという一点を見失わないということだ。

覚悟というのは、制服警察官が常に拳銃を携帯しているように、時に人の生死に関わる場面もあるからだ。私が拳銃訓練を怠らなかったのは、いざという時、一発で相手を制圧するためだ。我が国の警察では幸いそのような場面はまずないが、警察官は市民あるいは自らの命を守るため、時に犯罪者の命を奪うことすら認められている。また、何人も人を殺害した犯罪者を検挙し犯罪を立証すれば、その者は死刑となることもあり得る。

私は戦争を美化するものではないが、古代ローマの言葉「平和を欲するなら、戦いに備えよ」という言葉を肝に銘じてきた。

平成二十八年二月に定年を迎え、年金生活には若干の不安があったが、単なる名目的な顧問とか参与とかいう形で民間企業に再就職するつもりはなかった。たまたま、初めて捜査第四課で勤務するようになった時に、その設立に関わった公益財団法人福岡県暴力追放運動推進センター専務理事にと声をかけていただき、令和三年九月末まで五年半勤務した。

警察とは別組織である暴力追放運動推進センターで勤務して、強く感じた一つが、このままでは暴力団は決して壊滅しないだろうという確信だ。その理由については、本書でも何度も触れてきたとおりだ。センターの専務理事として、あらゆる機会を通じその考えを発信してきた。

そしてもう一つは、情報が得られないから、市民を守れないのではないということだ。

暴力団、そして組織的犯罪から市民を守るために、被害者も犯罪者も生まないためにも、捜査の現場に戦えるだけの武器を与え、戦略的に取組んでいただきたい。この二つは、令和元年八月、『暴追ネット福岡』というホームページの立ち上げ、昨年、『県警VS暴力団』（文藝春秋社）という形となった。

今回、工藤會総裁らに厳しい判決が下された。だが、それは工藤會の終わりでも暴力団の終わりでもない。暴力団壊滅道半ば、だが暴力団は壊滅すべきだ。私が本書を書いた理由はこの点につきる。

工藤會による多くの襲撃事件を阻止できず、そして検挙解決できなかった。その悔しさ、無念さは死ぬまで消えないだろう。まさに「敗軍の将」だ。だが、負け戦を知るからこそ言えることもある。その思いで本書を書き上げた。

暴力団について、その歴史を扱った書もいくつかあるが、その多くはその作者の視線の範囲でしか描かれていない、そう感じている。機会があれば、現在取り組んでいる暴力団、ヤクザの歴史を完成させたい。

令和三年十一月　藪正孝

著者略歴

藪正孝（やぶ・まさたか）

1956年北九州市戸畑区生まれ。1975年4月に福岡県警察官を拝命。刑事部門、暴力団対策部門に深く携わる。2003年3月、捜査第四課に新設された北九州地区暴力団犯罪対策室副室長への就任を皮切りに、主に指定暴力団「工藤會」対策に従事した。2016年2月に定年退職。同年4月、公益財団法人福岡県暴力追放運動推進センター専務理事に就任。2019年には、暴力団に関する正確な情報を発信するサイト「暴追ネット福岡」を開設した。著書に『県警VS暴力団 刑事が見たヤクザの真実』(文藝春秋)。

写真提供：テレビ西日本

口絵2p左上、44p、102p、103pは著者提供

福岡県警工藤會対策課

現場指揮官が語る工藤會との死闘

2021年12月22日第一刷

著　者　　藪正孝

発行人　　山田有司

発行所　　株式会社　彩図社
東京都豊島区南大塚3-24-4
MTビル　〒170-0005
TEL：03-5985-8213　FAX：03-5985-8224

印刷所　　シナノ印刷株式会社

URL：https://www.saiz.co.jp
https://twitter.com/saiz_sha

ISBN978-4-8013-0572-4 C0095